시인의 꿈

시인의 꿈

퍼시 비시 셸리
·
강대건 옮김

민음사

네 맑고 날카로운 환희와 함께
시름은 있을 수 없으니
괴로움의 그림자도 네 근처엔
오지 못한다.
너 사랑한다── 허나 사랑의 슬픈 권태는 결코 모르고.

우리는 앞뒤를 바라보며
지금 없는 것을 그리워하는 법.
진심의 웃음에도
어떤 괴로움은 차 있고
가장 감미로운 노래는 가장 슬픈 생각을 전하는 노래.

──「종달새에게」에서

차례

오지맨디어스 — 10
사랑의 이법(理法) — 14
음악은 부드러운 음성이 사라져도 — 18
비탄 — 20
인도풍의 세레나데 — 22
한 마디 말이 그토록 남용됐기에 — 26
밤에게 — 30
시인의 꿈 — 36
종달새에게 — 38
달에게 — 60
나폴리 근방에서 낙심 속에 씌어진 시의 연(聯) — 62
등 부서지면 — 68
미모사 — 74
제인에게 : 초대 — 78
제인에게 : 회상 — 88
제인에게 : 기타와 함께 — 100
서풍(西風) — 112
초감각적 미에 대한 찬가 — 126
구름 — 142

해설/강대건
비전의 시인 — 155
연보 — 163

CONTENT

Ozymandias	11
Love's Philosophy	15
Music, When Soft Voices Die	19
A Lament	21
The Indian Serenade	23
One Word Is Too Often Profaned	27
To Night	31
The Poet's Dream	37
To a Skylark	39
To the Moon	61
Stanzas Written in Dejection, near Naples	63
When the Lamp Is Shattered	69
The Sensitive Plant	75
To Jane : The Invitation	79
To Jane : The Recollection	89
To Jane : With a Guitar	101
Ode to the West Wind	113
Hymn to Intellectual Beauty	127
The Cloud	143

시인의 꿈

오지맨디어스[1]

나는 고대의 어떤 나라를 순방하고 돌아온 이를 만났는데
그는 말했다. 돌로 만든, 거대한, 동체는 없는 두 개의 다리가
사막에 우뚝 서 있고, ……그 근처 모래 위에는
거의 파묻혀 부스러진 얼굴 조각이 있고, 그 찡그린 표정,
그 일그러진 입술, 그 냉혹한 지배자의 냉소는
조각가가 이러한 격정의 표시를 잘 읽고 있었다는 것을 전해 준다고.
그리고 그 격정을 모사(模寫)하며 비웃었을 조각가의 손과
그것을 불태우고 있었던 지배자의 가슴은 남아 있지 않으나
아직도 그 격정만은 이 생명 없는 조각물에 인명(印

---

1) 업적이 많았고 강대하였던 이집트의 람세스 2세 Ramses Ⅱ (1292-1225 B.C.)의 거대한 조상(彫像)의 이름. 이 조각의 비명(碑銘)에는 〈나는 왕 중 왕 오지맨디어스로다. 내 어떤 위인이며 내 어디 있는가를 알고자 하는 자는 어떤 점에서 그 공적이 나를 능가할지어다〉라고 적혀 있다고 한다.

OZYMANDIAS

I MET a traveller from an antique land
Who said: Two vast and trunkless legs of stone
Stand in the desert··· Near them, on the sand,
Half sunk, a shattered visage lies, whose frown,
And wrinkled lip, and sneer of cold command,
Tell that its sculptor well those passions read
Which yet survive, stamped on these lifeless things,
The hand that mocked them, and the heart that fed:
And on the pedestal these words appear:

銘)되어 오래 남아 있다고.

  그리고 이 조각물의 대좌(臺座)에는 〈내 이름은 왕 중 왕 오지맨디어스로다.

  너희들 강대한 자들아, 내 업적 보고 절망하라!〉라는 말이 보인다고.

  그 외에는 남아 있는 것 없으며, 괴멸되어 가는
저 거대한 폐허 주위로는 끝없이 그리고 허허(虛虛)히
오직 평평한 사막만이 저 멀리 뻗어 있을 뿐이라고.

'My name is Ozymandias, king of kings:
Look on my works, ye Mighty, and despair!'
Nothing beside remains. Round the decay
Of that colossal wreck, boundless and bare
The lone and level sands stretch far away.

사랑의 이법(理法)

1

시냇물은 강물과
강물은 바다와 합치고,
하늘에서 부는 바람들 항상
감미로운 마음으로 섞인다.
이 세상에 외톨인 것 없고
천리(天理)에 따라 만물은
서로들 합치게 마련인데
너와 난들 어찌 못 합치리.

2

산들이 높은 하늘과 접하고
파도들이 서로 껴안는 것을 보라.
어떤 누이 꽃도 용서 못 하리
오빠 꽃을 버린다면,
햇빛은 대지를 껴안고

LOVE'S PHILOSOPHY

1

THE fountains mingle with the river
    And the rivers with the Ocean,
The winds of Heaven mix for ever
    With a sweet emotion;
Nothing in the world is single;
    All things by a law divine
In one another's being mingle.
    Why not I with thine?

2

See the mountains kiss high Heaven
    And the waves clasp one another;
No sister-flower would be forgiven
    If it disdained its brother;
And the sunlight clasps the earth

달빛은 바다와 접하는데——
이 모든 접함이 무슨 소용 있으랴?
너와 나의 입맞춤이 없으면.

And the moonbeams kiss the sea.

What are all these kissings worth

If thou kiss not me?

음악은 부드러운 음성이 사라져도

음악은 부드러운 음성이 사라져도
기억 속에서 메아리 치고——
향내는 감미로운 오랑캐꽃이 져도
그것이 자극한 감각 속에 살아 남습니다.

장미꽃이 져도
그 꽃잎이 쌓여서 애인의 침상[1] 됩니다.
그래서 당신이 가버린 뒤엔
사랑도 당신 생각 위에서 잠들겠지요.

---

1) 떨어진 장미꽃잎이 꽃이 진 장미의 침상 구실을 한다.

MUSIC, WHEN SOFT VOICES DIE

MUSIC, when soft voices die,
Vibrates in the memory —
Odours, when sweet violets sicken,
Live within the sense they quicken.

Rose leaves, when the rose is dead,
Are heaped for the belovéd bed;
And so thy thoughts, when thou art gone,
Love itself shall slumber on.

비탄

1

오 세상이여! 오 인생이여! 오 세월이여!
네 마지막 층계에 올라
전에 서 있던 곳을 보니 내 마음 떨리는구나.
네 청춘의 영광이 언제나 다시 오리?
다시는—— 오, 다시는 안 오리!

2

낮과 밤으로부터
기쁨은 사라지고
새봄과 여름과 서리 찬 겨울은
내 가냘픈 가슴을 슬프게 하고 기쁘게 하지는
다시 않으리—— 오, 다시는 않으리!

A LAMENT

1

O WORLD! O life! O time!
On whose last steps I climb,
   Trembling at that where I had stood before;
When will return the glory of your prime?
        No more — Oh, never more!

2

Out of the day and night
A joy has taken flight;
   Fresh spring, and summer, and winter hoar,
Move my faint heart with grief, but with delight
        No more — Oh, never more!

인도풍의 세레나데

1

한밤중 달콤한 첫 잠 이루며
당신을 꿈꾸다 일어납니다.
바람은 나직이 숨쉬고
별들은 찬란히 반짝일 때
당신을 꿈꾸다 일어납니다.
그리고 내 발의 영문 모를 힘에
끌리어—— 그 영문을 누가 알리까?
당신 창가로 찾아왔습니다, 애인이여!

2

떠도는 바람, 살랑이며 사라집니다.
어둡고 고요한 강물 위로 말이오——
황목련의 향기도 사라집니다
꿈 속의 아련한 생각처럼.
나이팅게일의 슬픈 가락도

THE INDIAN SERENADE

1

I ARISE from dreams of thee
In the first sweet sleep of night,
When the winds are breathing low,
And the stars are shining bright:
I arise from dreams of thee,
And a spirit in my feet
Hath led me — who knows how?
To thy chamber window, Sweet!

2

The wandering airs they faint
On the dark, the silent stream —
The champak odours fail
Like sweet thoughts in a dream;
The nightingale's complaint,

사라져 제 가슴에 안깁니다——
당신 가슴에 나 안기어 죽어야 하듯
오, 그처럼 당신은 그립습니다!

3

오, 나를 풀에서 일으켜 주오!
그리워 죽습니다! 기절합니다! 쓰러집니다!
당신의 사랑을 키스의 비처럼
이 입술과 파리한 눈시울에 퍼부어 주오.
오, 이 뺨은 싸늘하고 파리합니다!
이 가슴은 요란하게 급히 뜁니다——
오, 이 가슴을 당신 품에 껴안아 주오.
그러면 마침내 그곳에서 터지오리다.

It dies upon her heart; —

As I must on thine,

Oh, belovéd as thou art!

3

Oh lift me from the grass!

I die! I faint! I fail!

Let thy love in kisses rain

On my lips and eyelids pale.

My cheek is cold and white, alas!

My heart beats loud and fast — ;

Oh! press it to thine own again,

Where it will break at last.

한 마디 말이 그토록 남용됐기에

1

한마디 말이 그토록 남용됐기에
내가 더 남용할 수도 없사옵니다.
하나의 감정이 그토록 그릇 멸시됐기에
당신이 더 멸시할 수도 없겠사옵니다.
하나의 바람이 그토록 절망과 같기에
분별로서 억누를 필요조차 없사옵니다.
그리고 당신에게서 받는 동정은
다른 이에게서 받는 그것[1]보다 소중하옵니다.

2

다른 사나이들이 말하는 사랑이란 것은 드리지 못하옵니다.
그러나 받으시지 않겠사옵니까,

---

1) 제2연에 이르기까지는 시인이 그 사용을 억제하고 있는 말인 사랑을 말한다.

ONE WORD IS TOO OFTEN PROFANED

1

ONE word is too often profaned
    For me to profane it,
One feeling too falsely disdained
    For thee to disdain it;
One hope is too like despair
    For prudence to smother,
And pity from thee more dear
    Than that from another.

2

I can give not what men call love,
    But wilt thou accept not

마음이 우러러 바치고 하늘 또한
물리치지 않는 이 정성을——
나방이 별 되려 하고
밤이 아침 되려 하는 이 덧없는 바람을,
우리의 슬픔의 세계에서는 저 멀리
아득한 그 무엇에 바치는 이 지성을?

The worship the heart lifts above
    And the Heavens reject not, —
The desire of the moth for the star,
    Of the night for the morrow,
The devotion to something afar
    From the sphere of our sorrow?

밤에게

1

서녘 바닷길을 날쌔게 걸어오라
      밤의 정(精)이여!
어두운[1] 동녘 하늘의 동굴에서 나와,
그곳에서 기나긴 낮 동안 홀로 있으며
너는 환희와 공포의 꿈들을 엮는다.
그래서 너는 무섭기도 그립기도 하고
      너 달려오는 걸음 날쌔어라!

2

별들로 수놓은 잿빛 망토에 너의 몸
      휘감으라!
너의 머리칼로 낮의 눈들을 감게 하고
지치도록 그에게 입맞추어라.

---

1) 초저녁에는 동쪽부터 어두워진다. 아직 전체적으로는 훤한 하늘에서 동쪽에 중심을 가진 어둠은 어두운 동굴의 입구를 연상케 한다.

TO NIGHT

1

SWIFTLY walk o'er the western wave,
      Spirit of Night!
Out of the misty eastern cave,
Where, all the long and lone daylight,
Thou wovest dreams of joy and fear,
Which make thee terrible and dear, —
      Swift be thy flight!

2

Wrap thy form in a mantle gray,
      Star-inwrought!
Blind with thine hair the eyes of Day;
Kiss her until she be wearied out,

그러곤 도시와 바다와 땅 위를 돌아다니라,
너의 최면의 지팡이를 만물에 갖다대며.──
　　고대했던 이여, 오라!

3

일어나 트는 동 보았을 때
　　너 그리워 한숨지었다.
빛이 중천에서 수레를 몰고, 이슬 사라진 후
대낮이 꽃과 나무 위에 무겁게 드리우고
기리지 않는 손님인 양 머뭇거리며
지루한 태양[2]이 쉬고 있을 때
　　너 그리워 한숨지었다.

---

2) 원문에서는 제2연의 〈낮〉이나 제3연의 태양이나 다같이 Day로 되어 있으나 〈낮〉은 여성으로 태양은 남성으로 의인화됨으로써 구별되고 있다.

Then wander o'er city, and sea, and land,
Touching all with thine opiate wand, —
  Come, long-sought!

3

When I arose and saw the dawn,
  I sighed for thee;
When light rode high, and the dew was gone,
And noon lay heavy on flower and tree,
And the weary Day turned to his rest,
Lingering like an unloved guest,
  I sighed for thee.

4

너의 형 죽음이 와서 소리쳐 물었다,
「너는 나를 원해?」라고.
거슴츠레한 눈 가진 네 귀여운 자식
잠은 대낮의 벌처럼 중얼거렸다.
네 옆에 기대어 누워 볼까?
너는 내가 필요해?라고——그래 내 대답은
「아니야, 너는 필요 없어!」

5

너 죽으면 죽음이 찾아오리라,
    빠르게, 너무나도 빠르게, ——
너 떠나고 나면 잠이 찾아오리라.
이들에게는 네게 드린 것 같은 청을 드리지는 않으리, 그리운 밤이여 ——
너 달리며 다가오는 걸음 날쌔어라,
    빨리 오라, 빨리!

4

Thy brother Death came, and cried,
      Wouldst thou me?
Thy sweet child Sleep, the filmy-eyed,
Murmured like a noontide bee,
Shall I nestle near thy side?
Wouldst thou me? — And I replied,
      No, not thee!

5

Death will come when thou art dead,
      Soon, too soon —
Sleep will come when thou art fled;
Of neither would I ask the boon
I ask of thee, belovéd Night —
Swift be thine approaching flight,
      Come soon, soon!

시인의 꿈[1]

어느 시인의 입술에서 나는 잠잤다,
그의 숨결 소리 맞추어 꿈을 꾸면서,
사랑에 통달한 이가 그렇듯이
세상의 행복을 그는 구하지도 얻지도 않는다.
다만 상념의 황야를 드나드는 형상들의
영묘(靈妙)한 키스를 즐기며 살 뿐.
새벽부터 황혼까지 그가 늘 보는 것은
호수에 반사된 해가 담쟁이꽃 속의
노란 별들을 비추는 것.
그것들이 무엇과 무엇이라는 것은 주의하지도 보지도 않고——
그러나 이들로부터 그가 분명히 창조해 낼 수 있는 것은
산 사람보다 더욱 진실한 형상들,
영원한 것의 아들들!

---

1) 셸리의 걸작 「프로메테우스의 해박 Prometheus Unbound」이라는 시극의 제1막 제2장에서 발췌한 애송되는 서정시(737-749행)이다. 여기서 〈나〉라는 제1인칭은 시적 상상력이다. 이 시에서 시의 본질과 시인의 직능이 밝혀지고 있다. 시는 현실의 모사가 아니라 상상의 소산이며 현실적으로 존재하는 것보다 더 진실한 내면적 진실의 표현이며 따라서 시인은 단순히 외형을 모사하려고만 하지 말고 사물의 내적 생명을 상상력으로 포착하여야 한다는 것이다.

THE POET'S DREAM

ON a poet's lips I slept
Dreaming like a love-adept
In the sound his breathing kept;
Nor seeks nor finds he mortal blisses —
But feeds on the aëreal kisses
Of shapes that haunt thought's wildernesses.
He will watch from dawn to gloom
The lake-reflected sun illume
The yellow bees in the ivy-bloom,
Nor heed nor ses, what things they be —
But from these create he can
Forms more real than living man,
Nurslings of immortality!

종달새에게

1

반갑구나, 너 쾌활한 정령이여!
너 새는 아니리라,
하늘과 그 근방에서
가슴 넘쳐흐르는 감정을
타고난 솜씨의 노랫가락으로 쏟아 내는 너는.

2

지상으로부터 더욱더 높게
너는 솟구쳐 올라가니
불처럼 솟아오르는 한 점의 구름이랄까.
너는 창공에서 비상하니
항상 노래하며 날아오르고 항상 날아오르며 노래하는구나.

TO A SKYLARK

1

HAIL to thee, blithe Spirit!
   Bird thou never wert,
That from Heaven, or near it,
   Pourest thy full heart
In profuse strains of unpremeditated art.

2

Higher still and higher
   From the earth thou springest,
Like a cloud of fire;
   The blue deep thou wingest,
And singing still dost soar, and soaring ever singest.

3

진 해의
금빛 찬란한 광휘 속에서
구름은 반짝이고
너는 그곳에 떠서 달리는구나,
치닫기 시작한 환희의 혼처럼 지칠 줄 모르고.

4

너 날아가는 주위에선
연보랏빛 저녁 녹아 가고,
대낮의
하늘의 별처럼
너 보이지 않으나 귀 찢는 네 환희 들리는구나.

3

In the golden lightning
   Of the sunken sun,
O'er which clouds are bright'ning,
   Thou dost float and run;
Like an unbodied joy whose race is just begun.

4

The pale purple even
   Melts around thy flight;
Like a star of Heaven,
   In the broad daylight
Thou art unseen, but yet I hear thy shrill delight,

5

그 환희는 새벽별의 광망(光芒),
비너스의 화살처럼 날카롭구나.
허나 그 은빛 천체의 강렬한 등불도
훤하게 동트는 맑은 하늘에서는 가물거리며
거의 보이지 않고—— 오직 거기 있다는 것을 느낄 뿐.

6

온 대지와 하늘에
네 노랫소리 크게 울려 퍼지니
마치 밤 하늘은 맑은데
외로운 한 점의 구름에서
달빛 쏟아져 하늘에 넘쳐흐르듯.

5

Keen as are the arrows
   Of that silver sphere,
Whose intense lamp narrows
   In the white dawn clear
Until we hardly see — we feel that it is there.

6

All the earth and air
   With thy voice is loud,
As, when night is bare,
   From one lonely cloud
The moon rains out her beams, and
Heaven is overflowed.

7

너 어떤 것인지 우리는 모른다.
무엇이 가장 너 같다고 할까?
무지개 구름에서도
네게서 쏟아지는 멜로디의 비만큼
보기에 찬란한 빗방울은 흘러내리지 않는구나.

8

예컨대 너는 휘황한 상념의 광휘 속에서 숨어 보이지 않는 시인이랄까.
자발적으로 찬가 불러
온 세상 마침내 가락 맞추어
못 느꼈던 희망과 공포를 공감케 하는.

7

What thou art we know not;
   What is most like thee?
From rainbow clouds there flow not
   Drops so bright to see
As from thy presence showers a rain of melody.

8

Like a Poet hidden
   In the light of thought,
Singing hymns unbidden,
   Till the world is wrought
To sympathy with hopes and fears it heeded not:

9

예컨대 너는 궁전 같은 고루(高樓)에 있는,
고귀한 가문의 아가씨랄까.
홀로 있는 시간에
온 방 넘쳐흐르는
사랑처럼 달콤한 음악으로써 사랑으로 수심 찬 마음 달래는.

10

예컨대 너는 이슬 맺힌 골짜기의
금빛 찬란한 개똥벌레랄까.
보는 이는 없는데
영묘한 빛깔 뿌려대는.
그러나 그 빛깔은 꽃과 풀에 가려 보이지 않는구나!

9

Like a high-born maiden
  In a palace-tower,
Soothing her love-laden
  Soul in secret hour,
With music sweet as love, which overflows her bower:

10

Like a glow-worm golden
  In a dell of dew,
Scattering unbeholden
  Its aëreal hue
Among the flowers and grass, which screen it from the view!

11

예컨대 너는 푸른 제 잎들을
암자로 하여 들어앉은 장미꽃이랄까?
훈풍에 향내 빼앗기나
그것이 내는 너무도 달콤한 향내로
날개 무거워진 저 도둑, 바람의 넋을 잃게 하는.

12

젖어서 반짝이는 풀,
비 맞아 깨어난 꽃들,
이들 위에 내리는 봄비 소리,
즐겁고 맑고 싱싱했던
모든 것도 네 음악 따르지는 못하는구나.

11

Like a rose embowered
 In its own green leaves,
By warm winds deflowered,
 Till the scent it gives
Makes faint with too much sweet those heavy-wingéd thieves:

12

Sound of vernal showers
 On the twinkling grass,
Rain-awakened flowers,
 All that ever was
Joyous, and clear, and fresh, thy music doth surpass:

13

우리에게 가르쳐다오, 정령인지 새인지 모르는 자여,
어떤 감미로운 상념이 네 것인가를.
사랑의 예찬이나 술의 예찬도
그처럼 신성한 황홀을
숨차게 쏟아 내는 것 듣지 못했구나.

14

축혼(祝婚)의 합창
혹은 개선의 노래도
네 노래에 비기면
어딘지 모르게 비어 있는
공허한 허풍일 뿐이리라.

13

Teach us, Sprite or Bird,
  What sweet thoughts are thine:
I have never heard
  Praise of love or wine
That panted forth a flood of rapture so divine.

14

Chorus Hymeneal,
  Or triumphal chant,
Matched with thine would be all
  But an empty vaunt,
A thing wherein we feel there is some hidden want.

15

네 행복한 가락의 원천은
어떤 것들일까?
그 어떤 벌들, 바다들, 산들일까?
그 어떤 모양의 하늘이나 들판일까?
네 동류(同類)에 대한 그 어떤 사랑, 고통 모르는 그 어떤 상태일까?

16

네 맑고 날카로운 환희와 함께
시름은 있을 수 없으니
괴로움의 그림자도 네 근처엔
오지 못한다.
너 사랑한다── 허나 사랑의 슬픈 권태는 결코 모르고.

15

What objects are the fountains
   Of thy happy strain?
What fields, or waves, or mountains?
   What shapes of sky or plain?
What love of thine own kind? what ignorance of pain?

16

With thy clear keen joyance
   Languor cannot be:
Shadow of annoyance
   Never came near thee:
Thou lovest — but ne'er knew love's sad satiety.

17

자나 깨나 너는 생각하리라,
죽음에 대하여,
우리들 인간이 상상하는 것보다
더욱 진실하고 깊은 것을.
아니면 네 가락이 어찌 청징(淸澄)한 샘이 되어 흘러나오랴?

18

우리는 앞뒤를 바라보며
지금 없는 것을 그리워하는 법.
진심의 웃음에도
어떤 괴로움은 차 있고
가장 감미로운 노래는 가장 슬픈 생각을 전하는 노래.

17

Waking or asleep,
    Thou of death must deem
Things more true and deep
    Than we mortals dream,
Or how could thy notes flow in such a crystal stream?

18

We look before and after,
    And pine for what is not:
Our sincerest laughter
    With some pain is fraught;
Our sweetest songs are those that tell of saddest thought.

19

미움과 자존심의 공포를
우리가 만약 비웃을 수 있다면,
우리가 만약 숙명적으로
눈물 안 흘리는 존재라면
우리가 어찌 네 기쁨의 근처에 갈 수 있으랴.

20

즐거운 소리의
모든 음악보다
책에서 발견되는
모든 보배보다
시인에게는 네 노래 솜씨 더 좋으리라, 너 땅을 멸시하는 자여!

19

Yet if we could scorn
    Hate, and pride, and fear;
If we were things born
    Not to shed a tear,
I know not how thy joy we ever should come near.

20

Better than all measures
    Of delightful sound,
Better than all treasures
    That in books are found,
Thy skill to poet were, thou scorner of the ground!

21

네 머리가 알고 있을 기쁨의
반만이라도 가르쳐다오.
그러면 내 입술에서 흘러나오리라,
네 노래 같은 해화(諧和)의 신운(神韻)이.
그때는 세상도 들으리니 —— 지금 나 네 노래 듣고
있듯.

21

Teach me half the gladness
   That thy brain must know,
Such harmonious madness
   From my lips would flow
The world should listen then — as I am listening now.

달에게

1

너 파리한 것은
하늘에 올라 땅을 바라다보며
출신[1]이 다른 별들 속에 끼여——
친구 없이 돌아다니며
변함없이 비춰줄 대상을 못 찾는
기쁨 없는 눈처럼 항상 변하는 것에 지쳐서일까?

2

너 내 영혼이 택한 누이여,
 나 너를 바라보며 너로 인하여 만물의 비애를 느끼는구나······.

---

1) 달은 지구의 분신이며 따라서 별들과는 출신이 다르다.

TO THE MOON

1

ART thou pale for weariness
Of climbing heaven and gazing on the earth,
　Wandering companionless
Among the stars that have a different birth, —
And ever changing, like a joyless eye
That finds no object worth its constancy?

2

　Thou chosen sister of the Spirit,
That gazes on thee till in thee it pities⋯

나폴리 근방에서 낙심 속에 씌어진 시의 연(聯)

1

해는 따뜻하고 하늘은 맑고
파도는 반짝거리며 사뭇 날랜 춤을 추고 있다.
푸른 섬들과 흰 눈 덮인 산들은
보라색 대낮의 투명한 대기 속에 감싸이고
피지 않은 꽃봉오리 주위에는
축축한 대지의 숨결 싱그럽다.
한 가지 기쁨을 전하는 수많은 소리들처럼
바람, 새들, 대양의 조수,
나폴리 시의 음성마저도 적료(寂寥)처럼 부드럽다.

2

밟고 간 이 없는 대양의 바닥에
청록과 자홍(紫紅)의 해초 깔려 있고
유성(流星)의 소나기 되어 녹아 가는 빛처럼
파도는 기슭에서 부서진다.

STANZAS WRITTEN IN DEJECTION, NEAR NAPLES

1

THE sun is warm, the sky is clear,
The waves are dancing fast and bright,
Blue isles and snowy mountains wear
The purple noon's transparent might,
The breath of the moist earth is light,
Around its unexpanded buds;
Like many a voice of one delight,
The winds, the birds, the ocean floods,
The City's voice itself is soft like Solitude's.

2

I see the Deep's untrampled floor
With green and purple seaweeds strown;
I see the waves upon the shore,
Like light dissolved in star-showers, thrown:

나는 해변의 모래 위에 홀로 앉아 있고. ──
대낮의 대양은 내 주위에서
섬광처럼 번득이고, 밀려왔다 들어가는
그 규칙적인 파도에서 한 음조 일어나니
이 감미로움! 누가 지금 내 마음을 같이한다면.

3

아! 내게는 희망도 건강도
마음의 평화도 주위의 평온도 없구나.
부(富)가 미치지 못하는 자적(自適),
철인(哲人)이 명상에서 발견하였고,
그래서 내면적 영광으로 왕자같이 되어 걸었던 그 자적도──
이름도, 권세도, 사랑도, 한가로움도 없구나.
이들에 둘러싸인 다른 이들이 보인다. ──
웃으며 살고 인생이 즐거움이라고들 한다.
내게는 그 주어진 운명의 잔이 그렇지 않구나.

I sit upon the sands alone, —

The lightning of the noontide ocean

Is flashing round me, and a tone

Arises from its measured motion,

How sweet! did any heart now share in my emotion.

3

Alas! I have nor hope nor health,

Nor peace within nor calm around,

Nor that content surpassing wealth

The sage in meditation found,

And walked with inward glory crowned —

Nor fame, nor power, nor love, nor leisure.

Others I see whom these surround —

Smiling they live, and call life pleasure; —

To me that cup has been dealt in another measure.

4

그러나 오늘의 풍랑 고요하듯
이제 절망도 온화하여
지친 아이처럼 누워서
나 이 괴로운 인생을 울며 보낼 수 있으니
그 인생을 참아 왔고 그러나 또 참아야 하리라.
죽음 잠 오듯 살며시 찾아와 내 볼
따뜻한 대기 속에서 싸늘해지고
내 볼 싸늘해지는 것 느끼며, 또한 바다가
죽어가는 내 머리 위로 단조롭게
속삭이는 마지막 파도 소리 듣는 날까지

4

Yet now despair itself is mild,
Even as the winds and waters are;
I could lie down like a tired child,
And weep away the life of care
Which I have borne and yet must bear,
Till death like sleep might steal on me,
And I might feel in the warm air
My cheek grow cold, and hear the sea
Breathe o'er my dying brain its last monotony.

등 부서지면

1

등 부서지면
불꺼져 땅바닥에 떨어지고——
구름 흩어지면
무지개의 찬란함도 사라진다.
비파 깨지면
감미로운 곡조도 기억에서 사라지고
입술이 말하고 난 뒤에는
그리운 말 곧 잊혀진다.

2

등과 비파 부서진 후
음악과 찬란한 빛 남지 않듯
마음 울적하여 침묵 지키면
가슴의 메아리도 노래를 낳지 않고
노래 아니고 슬픈 만가(挽歌)를 낳을 뿐,

WHEN THE LAMP IS SHATTERED

1

WHEN the lamp is shattered
The light in the dust lies dead —
When the cloud is scattered
The rainbow's glory is shed.
When the lute is broken,
Sweet tones are remembered not
When the lips have spoken,
Loved accents are soon forgot.

2

As music and splendour
Survive not the lamp and the lute,
The heart's echoes render
No song when the spirit is mute: —
No song but sad dirges,

폐옥(廢屋)을 스쳐가는 바람처럼,
혹은 죽은 뱃사람의 조종(弔鐘)
울리는 애통한 파도처럼

3

한번[1] 두 애인 합하여 하나가 되면
그 잘 지은 보금자리에서 먼저 사랑은 떠나고
버림받아 마음 약한 이 홀로 남아
잃어버린 사랑의 괴로움 되씹는다.
아, 사랑이여! 세상 만물의 무상함을
슬퍼하는 네가 왜 하필이면
인간의 마음이란 가장 변하기 쉬운 것을 택하여
네 요람과 네 집과 네 관대(棺臺)로 삼느냐?

---

1) 결혼하여 가정을 이루는 것을 말한다.

Like the wind through a ruined cell,

Or the mournful surges

That ring the dead seaman's knell.

3

When hearts have once mingled

Love first leaves the well-built nest;

The weak one is singled

To endure what it once possessed.

O Love! who bewailest

The frailty of all things here,

Why choose you the frailest

For your cradle, your home, and your bier?

4

버림받은 이의 정열은 너를 떨게 하리라.
드센 바람 하늘 높이에서 갈가마귀 흔들어 놓듯.
밝은 이성은 너를 비웃으리라,
겨울 하늘에 나타난 햇빛처럼
네 둥지에서 서까래 모두 썩어 없어지리.
그리고 잎 떨어지고 찬바람 불 때면,
네 높이 달린 둥지[2]도
네 알몸 드러내 조소받게 하리라.

---

2) 원문에서 eagle home으로 되어 있다. 독수리 둥지처럼 높은 곳에 있다는 뜻.

4

Its passions will rock thee

As the storms rock the ravens on high;

Bright reason will mock thee,

Like the sun from a wintry sky.

From thy nest every rafter

Will rot, and thine eagle home

Leave thee naked to laughter,

When leaves fall and cold winds come.

미모사
──결론에서[1]

미모사, 혹은 그 외면적인 형체가
괴멸(壞滅)을 알기 전에 요정처럼
그 가지들 속에 앉아 있었던 그 혼령이
이 변화를 느꼈을지 나는 말할 수 없다.

생전에는 별들이 빛을 뿌려대듯
사랑을 뿌렸던 마음씨 고운 그 여인의
형체와 합쳐 있지 않게 된 그녀의 정신이
기쁨에서 떠난 후 슬픔을 발견했을는지.

나는 생각지 않으리라. 다만 이 인생,
존재하는 것 없고 오직 만물은 가상(假象),
우리는 한갓 꿈의 환영일 뿐인,

---

[1] 같은 이름의 장시의 종결 부분만을 발췌한 것. 이 시 전체는 미모사(밤이 되거나 무엇이든 그 잎을 약간 건드리기만 하여도 오므라드는 예민한 식물)와 이것을 가꾸는 목가적인 여인. 또한 이 미모사와 여인이 서로 사랑으로 맺어져 사는 백화난만한 정원을 꿈처럼 아름답게 그려놓고 있으나 나중에는 이 셋이 겨울이 와서 다 죽어버리는 것으로 되어 있다. 이 종결 부분에서는 그들이 죽었다는 사실을 인정하지 않으려는 시인의 마음이 표현되고 있다. 미모사는 시인 자신의. 이 여인은 그가 추구한 미의 이상의 상징이라고 할까?

THE SENSITIVE PLANT

WHETHER the Sensitive Plant, or that
Which within its boughs like a Spirit sat,
Ere its outward form had known decay,
Now felt this change, I cannot say.

Whether that Lady's gentle mind,
No longer with the form combined
Which scattered love, as stars do light,
Found sadness, where it left delight,

I dare not guess; but in this life
Of error, ignorance, and strife,
Where nothing is, but all things seem,

오류와 무지와 투쟁의 이 인생에서

다른 것들처럼 죽음도 분명
환상이라고 말한다면, 그것은
온건한, 그러나 곰곰이 생각하면
또한 즐겁기도 한 믿음이다.

저 아름다웠던 정원, 저 아름다웠던 여인,
그리고 그곳의 모든 아름다웠던 형상과 향내는
정말은 결코 가버린 것이 아니라
다만 변한 것은 우리와 우리의 것, 그들은 아니니

사랑과 아름다움과 기쁨에
죽음이나 변함없고, 다만
그것들의 힘 우리 지각을 초월하며
우리의 지각 어두워 빛을 감당치 못할 뿐이다.

And we the shadows of the dream,

It is a modest creed, and yet
Pleasant if one considers it,
To own that death itself must be,
Like all the rest, a mockery.

That garden sweet, that lady fair,
And all sweet shapes and odours there,
In truth have never passed away:
'Tis we, 'tis ours, are changed; not they.

For love, and beauty, and delight,
There is no death nor change: their might
Exceeds our organs, which endure
No light, being themselves obscure.

제인[1]에게 : 초대

이 아름다운 아침 해보다도 훨씬 더 아름다운,
가장 좋은 그리고 가장 찬란한 이여, 이리로 오오!
슬픔에 잠긴 이들에게 당신이 하듯,
이 아침 해는 덤불 위 요람에서 막 잠을 깬
괴로운 이 해[年]에 찾아와
상냥한 아침 인사를 하는구려.
탄생치 않은 봄의 가장 찬란한 시간이
겨울 내내 돌아다니다
서릿발 흰 2월의 자식으로 태어난
화창한 아침을 얻기나 한 듯하오.
그것은 창공의 즐거움에 겨워
하늘에서 허리 굽혀
대지의 이마에 입맞추고

---

1) 이 시와 다음 두 편의 시에서 제인은 셸리와 함께 익사한 에드워드 윌리엄스의 부인인 제인 윌리엄스라고 하는 여인이다. 이 부부는 1821년 셸리가 살고 있던 피사에 와서 셸리 부부와 친교를 맺고 있었다. 제인은 그 미모와 정숙한 태도로서 주위 사람들의 시선을 모았으며 셸리는 이 부인을 자신의「미모사 The Sensitive Plant」라는 시에 나오는 여인(미의 상징)의 원형이라고까지 말하고 있다. 초대라고 하는 것은 자연의 감화에의 초대를 의미한다.

TO JANE : THE INVITATION

BEST and brightest, come away!
Fairer far than this fair Day,
Which, like thee to those in sorrow,
Comes to bid a sweet good-morrow
To the rough Year just awake
In its cradle on the brake.
The brightest hour of unborn Spring,
Through the winter wandering,
Found, it seems, the halcyon Morn
To hoar February born.
Bending from Heaven, in azure mirth,
It kissed the forehead of the Earth,

고요한 바다에 미소지으며
얼어붙은 시냇물을 흐르게 하고
그 원천을 깨워 음악을 불러일으키고
얼어붙은 산에 바람을 불고
5월[2]의 여신처럼 풀 없는 길 위에 꽃을 뿌리니
당신의 미소로 희색이 만면한 이처럼
겨울의 세상은 보이는구려, 그리운 이여,

이리로 오오, 이리로 오오, 인간들과 도시로부터
천연의 숲과 언덕——
고요한 황야로 말이오.
그곳에서는 자연의 예술적 감화 있어——
가슴과 가슴 조화되고
영혼이 남의 마음 속에서
메아리 못 찾을까 두려워
그 음악을 억제치 않아도 되외다.
습관적으로 나를 찾아오는 방문객을 위해서
내 문에 이렇게 써서 붙여 놓지요.

---

2) 5월의 여신은 마이아 Maia 또는 프로세르피네 Proserpine를 말한다.

And smiled upon the silent sea,
And bade the frozen streams be free,
And waked to music all their fountains,
And breathed upon the frozen mountains,
And like a prophetess of May
Strewed flowers upon the barren way,
Making the wintry world appear
Like one on whom thou smilest, dear.

Away, away, from men and towns,
To the wild wood and the downs —
To the silent wilderness
Where the soul need not repress
Its music lest it should not find
An echo in another's mind,
While the touch of Nature's art
Harmonizes heart to heart.
I leave this notice on my door
For each accustomed visitor: —

「나는 이 감미로운 시간이 주는 것을
얻기 위해 들로 나간다──
명상이여 너는 내일 슬픔과 함께
찾아와 불가에 앉으라──
지불치 않은 청구서를 가져온 너 절망이여
지루하게 시구(詩句)를 암송하는 너 수고여
내 무덤에서나 돈을 받으라──
네 시구는 죽음이나 들어 줄 것이다.
기대여, 너도 사라지라!
오늘의 일은 오늘에 족하니.
희망이여, 괴로움은 가소롭다고
비웃지 말고 나 가는 곳 따라오지도 마라.
오랜 세월 네 주는 달콤한 음식 먹고 살아오다가
드디어 오랜 고통 끝의 일순의 기쁨
찾았으니── 너 날 사랑한다 해도
이런 사정 네게 알려주지 않았구나.

찬란한 해[3]의 누이여,

---
3) 제인 부인을 이렇게 부르고 있다.

'I am gone into the fields

To take what this sweet hour yields, —

Reflection, you may come tomorrow,

Sit by the fireside with sorrow. —

You with the unpaid bill, Despair, —

You, tiresome verse-reciter, Care, —

I will pay you in the grave, —

Death will listen to your stave.

Expectation too, be off!

To-day is for itself enough;

Hope, in pity mock not Woe

With smiles, nor follow where I go;

Long having lived on thy sweet food,

At length I find one moment's good

After long pain — with all your love,

This you never told me of.'

Radiant Sister of the Day,

잠을 깨오! 일어나오! 그리고 이리로 오오!
천연의 숲과 들판과 그리고 못으로 말이오.
그곳에는 잎사귀들 마치 지붕인 양 못 위에 드리워져 있고
겨울 동안 고인 빗물이 그것들 비추고 있소.
그곳에는 소나무가 물기 없는 푸른 잎과
암갈색 담쟁이의 화환을 엮어
해 못 보는 제 줄기에 감고 있구려.
그곳에는 잔디밭과 목초장,
그리고 바닷가의 모래 언덕이 있고
그곳에는 녹아나는 흰 서리가
결코 지는 일 없는 별 모양의 데이지 꽃,
아직은 향내가 색깔에 합치지 않은
아네모네꽃과 오랑캐꽃을 적셔
어리고 새로운 이 파리한 해(年)를 장식하고 있구려.
광막한 동녘에 밤은
어둠침침하게 남겨져 있으며
파란 대낮의 하늘이 머리 위에 걸려 있으며
발 밑, 대지와 대양이 접하는 곳에서는

Awake! arise! and come away!

To the wild woods and the plains,

And the pools where winter rains

Image all their roof of leaves,

Where the pine its garland weaves

Of sapless green and ivy dun

Round stems that never kiss the sun;

Where the lawns and pastures be,

And the sandhills of the sea; —

Where the melting hoar-frost wets

The daisy-star that never sets,

And wind-flowers: and violets,

Which yet join not scent to hue,

Crown the pale year weak and new;

When the night is left behind,

In the deep east, dun and blind,

And the blue noon is over us

And the multitudinous

Billows murmur at our feet,

수많은
파도들이 포효하며
편만(遍滿)한 햇빛 속에서
만물이 하나 같기만 한 지금 말이오.

Where the earth and ocean meet,
And all things seem only one
In the universal sun.

제인에게 : 회상

1

당신처럼 몹시 아름답고도 찬란한
많은 나날 중의 마지막 날이
가장 아름답고도 마지막인 그날이 가버렸으니
기억이여, 일어나 찬미의 글을 쓰라!
일어나── 네가 늘 하는 일에 착수하라! 찾아와
사라진 영광의 묘비문을 쓰라──
이제 대지는 그 얼굴을 바꾸고
하늘의 이마에는 찌푸린 표정 있으니.

2

우리는 대양의 포말에 접해 있는
〈소나무 숲〉[1)]으로 거닐었다.

---

1) 원문에 대문자로 씌어진 것은 특정한 소나무 숲. 다시 말하면 피사 시에 가까운 카시나 Cascina라는 곳에 있는 소나무 숲을 말하기 때문이다.

TO JANE : THE RECOLLECTION

1

NOW the last day of many days,
All beautiful and bright as thou,
The loveliest and the last, is dead,
Rise, Memory, and write its praise!
Up, — to thy wonted work! come, trace
The epitaph of glory fled, —
For now the Earth has changed its face,
A frown is on the Heaven's brow.

2

We wandered to the Pine Forest
That skirts the Ocean's foam,

가장 가벼운 바람도 제 둥지에 있었고
사나운 비바람도 제 집에 있었다.
속삭이는 파도들은 반수(半睡) 상태였으며
구름도 나가 놀고 없어서
대양의 한복판에는
하늘의 상냥한 웃음 비치고 있었다.
그 시간은 마치 햇빛 위에서
낙원의 빛 뿌리는,
하늘 저편에서 보내진,
시간 같았다.

3

광막한 들의 거인인 양 우뚝 선
소나무들 속에서 우리 걸음을 멈췄다.
소나무들은 모진 비바람에 시달려
서로 얽힌 뱀들처럼 울퉁불퉁한 모양 되고
하늘 밑에서 부는

The lightest wind was in its nest,
The tempest in its home.
The whispering waves were half asleep,
The clouds were gone to play,
And on the bosom of the deep
The smile of Heaven lay;
It seemed as if the hour were one
Sent from beyond the skies,
Which scattered from above the sun
A light of Paradise.

3

We paused amid the pines that stood
The giants of the waste,
Tortured by storms to shapes as rude
As serpents interlaced,
And soothed by every azure breath,

온갖 상쾌한 숨결로 달래어
그 숨결처럼 부드러운
지상의 갖가지 음악과 색깔로 되었다.
그때 모든 나무 끝들은
해상의 청록의 파도처럼 잠자며
그 고요함 해저의 숲이
조용한 바다에서 고요하듯 했다.

4

얼마나 고요했던가! ──그곳의 고요함은.
그처럼 완전한 침묵의 사슬로 묶이어
바쁜 딱따구리는 그 내는 소리로
침범 못 할 고요를
더욱 고요하게 할 뿐이었다.
우리가 쉬는 평화로운 숨결도
그 부드러운 움직임으로 주위에서
자라가는 고요를 덜하지는 못했다.

That under Heaven is blown,

To harmonies and hues beneath,

As tender as its own;

Now all the tree-tops lay asleep,

Like green waves on the sea,

As still as in the silent deep

The ocean weeds may be.

4

How calm it was — the silence there

By such a chain was bound

That even the busy woodpecker

Made stiller by her sound

The inviolable quietness;

The breath of peace we drew

With its soft motion made not less

The calm that round us grew

흰 눈 덮인 산 있는 황야의
가장 먼 고장에서
발 밑의 가냘픈 꽃에 이르기까지
뚜렷하게 경계 지은 선경(仙境)——
주위에 스며든 영기(靈氣),
가슴 설레게 하는 고요한 생명——이 있는 것 같았다.
그것은 우리 인간의 마음속에 갈등을
순간적인 평화 속에 묶어 놓고 있었다.
그리고 그곳 선경의 중심은
생명 없는 주위 분위기를
사랑으로 채우는 하나의 아름다운 형상임을
나는 늘 느끼고 있었다.

5

나무 숲 가지 밑에 있는
못가에서 우리는 걸음을 멈췄다.
못은 저마다 지상의 세계로 함몰한 작은 하늘——

There seemed from the remotest seat

Of the white mountain waste,

To the soft flower beneath our feet,

A magic circle traced, —

A spirit interfused around,

A thrilling, silent life —

To momentary peace it bound

Our mortal nature's strife;

And still I felt the centre of

The magic circle there

Was one fair form that filled with love

The lifeless atmosphere.

5

We paused beside the pools that lie

Under the forest bough. —

Each seemed as ' twere a little sky

어두운 대지에 놓여
찬란히 빛나며
광막한 밤보다도 무한하며
대낮보다도 영롱한 창공——같았다.
공중에서처럼 못 속에서도
공중에서 가지 뻗는 어떤 숲보다
그 모양과 색깔이 완벽한
아름다운 숲이 자라고 있었다.
그곳에는 숲속 오솔길과, 이웃한 잔디밭이 있었고
아롱진 구름으로부터 반짝이며 동트는
아침 해처럼
검푸른 숲 사이로
하얀 햇빛이 반짝거리고 있었다.
머리 위에서는
결코 잘 볼 수 없는 감미로운 경치가
저 아름다운 숲을 사랑하는
못의 마음에 비치고 있었다.
그리고 살랑이는 바람조차 없는 대기,
지상에서 빛나는 보다 부드러운 햇빛하며

Gulfed in a world below;

A firmament of purple light

Which in the dark earth lay,

More boundless than the depth of night,

And purer than the day —

In which the lovely forests grew,

As in the upper air,

More perfect both in shape and hue

Than any spreading there.

There lay the glade and neighbouring lawn,

And through the dark green wood

The white sun twinkling like the dawn

Out of a speckled cloud.

Sweet views which in our world above

Can never well be seen,

Were imaged by the water's love

Of that fair forest green.

And all was interfused beneath

With an Elysian glow,

낙원의 빛이
지상 만물에 편만(遍滿)하고 있었다.
사랑받는 자처럼 그 경치는
그 모든 잎사귀와 윤곽을
실지보다 더 잘 드러내어
못의 가슴에 비치게 했다.
그러나 마침내 반갑지 않은 어떤 생각이
마음의 너무나 충실한 눈으로부터
하나의 그리운 형상을 지워버리듯
시기하는 일진(一陣)의 바람이 스쳐갔다.
당신은 영원히 아름답고 친절하며
숲은 항상 푸르나
나 셸리의 마음속의 평화는
못 속의 고요보다 보기 힘드오.

An atmosphere without a breath,

A softer day below.

Like one beloved the scene had lent

To the dark water's breast,

Its every leaf and lineament

With more than truth expressed;

Until an envious wind crept by,

Like an unwelcome thought,

Which from the mind's too faithful eye

Blots one dear image out.

Though thou art ever fair and kind,

The forests ever green,

Less oft is peace in Shelley's mind,

Than calm in waters, seen.

제인에게 : 기타와 함께

⟨에어리얼⟩이 ⟨미랜다⟩[1]에게 하는 말
당신의 종인 자를 위해서
이 음악의 종,[2] 기타를 받으시고
당신이, 오로지 당신만이
즐거운 정신을 타오르게 할 수 있는 모든 음악을
그것에게 가르치소서. 그로 인해 마침내
환락도 더 이상 제 자신을 원치 않고,
환락이 지극하여 비애로 되오리다.
당신의 사랑, ⟨페르디난드⟩[3] 공의
윤허와 분부를 받아, 불쌍한 ⟨에어리얼⟩이,
생과 생을 전전하며,

---

1) 에어리얼 Ariel과 미랜다 Miranda는 다같이 셰익스피어의 「템페스트 The Tempest」에 나오는 인물이다. 에어리얼은 마법사인 프로스페로 Prospero가 부리는 경쾌한 공기의 요정이며 미랜다는 프로스페로의 외동딸이다. 에어리얼은 프로스페로가 사는 섬에 표류해 온 나폴리의 왕자 페르디난드 Ferdinand 공과 미랜다를 중매하여 두 사람은 결혼하게 된다. 결혼 후 두 사람이 나폴리로 갔을 때 그들의 뱃길을 안내하고 무사히 지켜주는 책임 역시 에어리얼의 소임이었다. 셸리가 자기의 친구 부인인 제인에게 기타와 함께 보내고 있는 이 시에서 셸리는 그의 자유로운 상상으로 미랜다가 여러 번 환생하여 지금의 제인이 되고 에어리얼 역시 지금의 시인 자신으로 되었다고 생각하고 있다. 그리고 미랜다를 지키는 에어리얼의 책임은 형태를 바꾸어

TO JANE : WITH A GUITAR

ARIEL to Miranda : ― Take
This slave of Music, for the sake
Of him who is the slave of thee,
And teach it all the harmony
In which thou canst, and only thou,
Make the delighted spirit glow,
Till joy denies itself again,
And, too intense, is turned to pain,
For by permission and command
Of thine own Prince Ferdinand,
Poor Ariel sends this silent token
Of more than ever can be spoken;
Your guardian spirit, Ariel, who,
From life to life, must still pursue

아직 지속되고 있다고 생각하고 있다. 셰익스피어의 작품 속에서 에어리얼은 12년간 갈라진 소나무 틈에 끼여 고생하다가 마법사 프로스페로에 의해 구출되었으므로 또한 나무의 요정(공기의 요정인 동시에) ― 기타 속에 있는 음악의 요정 ― 으로서 미랜다 앞에 나타나 말하고 있다.
2) 음악의 요정을 말한다.
3) 제인의 남편인 에드워드 윌리엄스.

영원히 당신의 행복을 추구해야 하는——
그렇게 해서만
제 자신의 행복을 찾을 수 있기에——
당신을 수호하는 요정인 〈에어리얼〉이
말로는 못 다 할 것을 표현하는
이 말없는 표시를 보내옵니다.
〈에어리얼〉은 밤하늘을 흐르는 별처럼
당신 탄 배 뱃머리의 앞을 날아다니며
길 없는 바다 위에 불을 밝혀서
저 권능 크신 시구(詩句)[4]의 말씀대로
〈프로스페로〉의 선암(仙庵)에서 나폴리의 옥좌까지
당신을 인도해서 갔사옵니다.
당신 돌아가시면 말없는 〈달님〉이
그믐이 지나 그 암자에서 나오지 않고
  슬퍼한다고 해도 당신 없는 〈에어리얼〉의 슬픔만은 못하오리다.

---

4) 셰익스피어의 「템페스트」 제5막 제1장 제314-318행의 시구인데 프로스페로가 에어리얼에게 두 사람이 나폴리로 가는 뱃길을 인도할 책임을 맡기는 내용으로 되어 있다.

Your happiness; — for thus alone
Can Ariel ever find his own.
From Prospero's enchanted cell,
As the mighty verses tell,
To the throne of Naples, he
Lit you o'er the trackless sea,
Flitting on, your prow before,
Like a living meteor.
When you die, the silent Moon,
In her interlunar swoon,
Is not sadder in her cell
Than deserted Ariel.

당신이 이 세상에 환생하시면
탄생을 고하는 보이지 않는 운명의 별처럼
〈에어리얼〉은 당신이 탄생한 순간부터
인생의 바다 위로 당신을 인도하옵니다.
〈페르디난드〉 공과 당신이
사랑의 행로를 시작한 후
수많은 일들이 있었사오나
〈에어리얼〉은 늘 당신 발자취를 따라서
당신의 뜻대로 섬겼사옵니다.
그때보다는 낮은 신분으로 보다 행복하게 태어나시어
이제 당신은 이 모든 것을 잊으셨사옵니다.
그리고 이제 아! 그 불쌍한 요정은
그 어떤 잘못으로 인해서 갇혀[5] 있사옵니다.
—— 무덤과 같은 육체 속에.
당신을 섬기며 슬퍼해야 하는 신세이기에
그가 당신에게 오직 바라는 것은
오늘의 소납(笑納)하심과 내일의 노래이옵니다.

---

[5] 에어리얼이 셰익스피어 작품에서는 소나무의 갈라진 틈에 갇혀 있었으나 지금은 시인 자신이 되어 육체 속에 갇혀 있다.

When you live again on earth,
Like an unseen star of birth,
Ariel guides you o'er the sea
Of life from your nativity.
Many changes have been run
Since Ferdinand and you begun
Your course of love, and Ariel still
Has tracked your steps, and served our will;
Now, in humbler, happier lot,
This is all remembered not;
And now, alas! the poor sprite is
Imprisoned, for some fault of his,
In a body like a grave; —
From you he only dares to crave,
For his service and his sorrow,
A smile to-day, a song to-morrow.

이 우상(偶像)[6]인 기타를 만든 장인(匠人)은
몹시 아름다운 생각을 메아리 치게 하기 위해
어떤 나무를 잘랐사옵니다. 그때 숲은
바람 부는 아펜니노 산맥 위의
저 거룩한 고요 속에 흔들려 꿈꾸며
가파른 비탈에서 겨울잠을
자고 있었사옵니다. 어떤 나무는 지나간 가을을,
어떤 나무는 재빠르게 다가오는 새봄을
어떤 나무는 4월의 꽃봉오리와 소나기를
어떤 나무는 6월의 암자에서 부르는 노래를
그리고 모든 나무들은 사랑의 꿈을
꾸었사옵니다. 그래서 이 나무는
──우리의 죽음도 그럴 수 있다면 오직 좋겠사옵니까!

잠자다 죽어 아픔을 모르고 있다가
더 행복한 모습으로 다시 살아났사옵니다.
그 장인은 가장 행운의 시간에 이 나무로부터
이 사랑스런 기타를 만들어

---
6) 음악의 정신. 음악의 요정이 그 속에 들어 있기 때문에.

The artist who this idol wrought,
To echo all harmonious thought,
Felled a tree, while on the steep
The woods were in their winter sleep,
Rocked in that repose divine
On the wind-swept Apennine;
And dreaming, some of Autumn past,
And some of Spring approaching fast,
And some of April buds and showers,
And some of songs in July bowers,
And all of love; and so this tree,
O that such our death may be! —
Died in sleep, and felt no pain,
To live in happier form again:
From which, beneath heaven's fairest star,
The artist wrought this loved Guitar,

잘 물을 줄 아는 모든 이들에게
당신의 말처럼 상냥한 말로
옳게 대답하는 법을 가르쳐
다정한 소리로 숲과 골짜기와
숲속 암자 스치는 여름 밤의
감미로운 계시를 속삭이게 했사옵니다.
이 기타는 들판들과 하늘의 숲들과 산들의,
그리고 수많은 소리 지닌 샘들의,
모든 해화(諧和)의 음악들을 배웠사옵니다.
산들의 가장 맑은 울림 소리,
떨어져 내리는 시냇물의 가장 부드러운 음조,
새들과 벌들의 멜로디,
여름 바다의 포효,
그리고 토닥거리는 빗소리와 숨쉬듯 이슬 내리는 소
리,
저녁의 살랑이는 바람 소리도 배웠사옵니다.
이 기타는 지구가 날마다의 회전을 위해
공중에 떠서 끝없는 햇빛 속을 달리며 내는
저 거의 들어본 적 없는 신비한 소리[7]도 알았사옵니다.

And taught it justly to reply,
To all who question skilfully,
In language gentle as thine own;
Whispering in enamoured tone
Sweet oracles of woods and dells,
And summer winds in sylvan cells;
For it had learned all harmonies
Of the plains and of the skies,
Of the forests and the mountains,
And the many-voiced fountains;
The clearest echoes of the hills,
The softest notes of falling rills,
The melodies of birds and bees,
The murmuring of summer seas,
And pattering rain, and breathing dew,
And airs of evening; and it knew
That seldom-heard mysterious sound,
Which, driven on its diurnal round,
As it floats through boundless day,

이 기타는 이 모든 것을 알고 있사오나
그 안에 사는 요정에게 잘 물을 줄 모르는 이들에게는
말해 주지 않겠사옵니다.
이 기타는 연주자의 재능에 따라
말해 줄 따름이며 그것을 부추기어
지난날의 이러한 비밀들을
알아내려는 이들도
전에 느낀 것밖에는 듣지 못하겠사옵니다.
그러나 그 대답은 감미로운 소리로
완벽하게 숙달된 이들을 즐겁게 하겠사옵니다.
그 소리 감미로울지라도 가장 높고 거룩한 음조는
오직 우리의 그리운 이 제인만의 것이옵니다.

---

7) 피타고라스가 천체가 운행하면서 낸다고 생각한 천체의 음악.

Our world enkindles on its way —
All this it knows, but will not tell
To those who cannot question well
The Spirit that inhabits it;
It talks according to the wit
Of its companions; and no more
Is heard than has been felt before,
By those who tempt it to betray
These secrets of an elder day:
But, sweetly as its answers will
Flatter hands of perfect skill,
It keeps its highest, holiest tone
For our beloved Jane alone.

서풍(西風)

1

오, 세찬 서풍이여, 너, 가을의 숨결이여,
요술사 앞에서 망령 달아나듯, 보이지 않는 네 앞에서
쫓겨 휘날리는구나, 죽은 잎사귀들이,

누렇고 검고 열 오른 듯 붉은,
질병 걸린 자들의 무리가. 오, 너는
날개 돋힌 씨앗들을 어두운 지하의 겨울 잠자리로

몰고 가니, 무덤 속의 시체처럼
씨앗들 저마다 싸늘하게 지하에 묻혀 있으니 마침내
네 누이, 파란 봄바람은

꿈꾸는 대지 위에 나팔을 불어 대어
(양 떼처럼 향기로운 꽃봉오리 대기 속으로 몰아 기르고)
들과 산을 생동하는 색깔과 향내로 채우게 되리.

ODE TO THE WEST WIND

1

O WILD West Wind, thou breath of Autumn's being,
Thou, from whose unseen presence the leaves dead
Are driven, like ghosts from an enchanter fleeing,

Yellow, and black, and pale, and hectic red,
Pestilence-stricken multitudes: O thou,
Who chariotest to their dark wintry bed

The winged seeds, where they lie cold and low,
Each like a corpse within its grave, until
Thine azure sister of the Spring shall blow

Her clarion o'er the dreaming earth, and fill
(Driving sweet buds like flocks to feed in air)
With living hues and odours plain and hill:

너, 움직이지 않는 곳이 없는 세찬 정기여, 파괴하면서
동시에 보존하는 자여, 들으라, 오, 들으라!

2

가파른 하늘의 소란 속에서, 너 흘러가는 힘에 의해서
대지의 죽어가는 잎사귀들처럼, 너 흘러가는 힘에 의해서
떨어져 흩어지는구나, 구름 조각들이,

비와 번개의 예고자들이. 그 다가오는
비바람의 머리채들은 네 푸른 하늘의 파도를 타고
마치 어떤 사나운 마이나드[1]의 머리에서

---

1) 마이나드 Maenad는 주신 바쿠스의 시녀이다. 그 어원적인 뜻은 미친 여자이며 주신의 영향을 받아 술에 취해 여러 가지 나뭇잎으로 머리를 장식하고 거의 벌거벗은 상태로 산과 들을 헤매며 미쳐 날뛴다. 〈어떤 사나운 마이나드〉라고 한 것은 마이나드가 여럿이 있기 때문이다.

Wild Spirit, which art moving everywhere;
Destroyer and preserver; hear, oh, hear!

2

Thou on whose stream, mid the steep sky's commotion,
Loose clouds like earth's decaying leaves are shed,
Shook from the tangled boughs of Heaven and Ocean,

Angels of rain and lightning: there are spread
On the blue surface of thine aëry surge,
Like the bright hair uplifted from the head

솟아오른 빛나는 머리칼처럼
아득한 지평선 끝으로부터 높은 하늘
꼭대기까지 뻗어 있누나. 너, 죽어가는

해의 만가(輓歌)여, 네게는 이 저물어 가는 밤 하늘도
수증기로 뭉쳐진 네 모든 힘으로 바쳐진
커다란 분묘의 〈돔〉과 같으리.

그리고 그 뭉쳐진 대기층으로부터
시커먼 비와 번개와 우박이 쏟아져
나오리라, 오, 들으라!

3

너는 새파란 지중해를 여름의 꿈에서 깨웠구나.
지중해는 그때 바이아에[2] 만의 부석(浮石) 섬가에서

---

2) 나폴리 만의 서쪽 끝에 있는 지명.

Of some fierce Maenad, even from the dim verge
Of the horizon to the zenith's height,
The locks of the approaching storm. Thou dirge

Of the dying year, to which this closing night
Will be the dome of a vast sepulchre,
Vaulted with all thy congregated might

Of vapours, from whose solid atmosphere
Black rain, and fire, and hail will burst: oh, hear!

3

Thou who didst waken from his summer dreams
The blue Mediterranean, where he lay,

수정 같은 제 물결의 돌돌 말리는 소리에 달래며 누워서

해묵은 궁전들과 누각들을 자며 보았다.
그 궁전, 누각들은, 파도 속에서는 더욱 강렬히 반짝이는
햇빛에 떨며, 파란 이끼와 꽃들로 뒤덮여 있었다.

그 이끼, 꽃들의 향기로움, 생각만 해도
정신이 아찔해지누나! 너 가는 길 위해
대서양 위에 담담히 펼쳐 있는 군세(軍勢)들도

갈라져 이랑 되고, 바다 깊은 곳에서는
대양의 수액 없는 잎사귀 지닌 미끈거리는 무들과
바다 꽃들이 네 소리 알아보고

갑자기 기겁하며 잿빛이 되어
떨며 꽃과 잎이 우수수 지는구나. 오 들으라!

Lulled by the coil of his crystalline streams,

Beside a pumice isle in Baiae's bay,
And saw in sleep old palaces and towers
Quivering within the wave's intenser day,

All overgrown with azure moss and flowers
So sweet, the sense faints picturing them! Thou
For whose path the Atlantic's level powers

Cleave themselves into chasms, while far below
The sea-blooms and the oozy woods which wear
The sapless foliage of the ocean, know

Thy voice, and suddenly grow gray with fear,
And tremble and despoil themselves: oh, hear!

4

내가 만일 네가 불어 가는 한 잎의 죽은 잎사귀이며
너와 날아가는 한 점의 재빠른 구름장이며
오, 불패분방(不覊奔放)한 자여! 비록 너만큼은

분방치 못할지라도 네 힘에 깔려 할딱이며
네 힘의 충동을 나눠 가지는 한 이랑 파도라면
만약 네 하늘 나는 속력을 앞지른다는 것이

거의 환상 같지만은 않았던 그 옛날처럼
소년시절이라도 되어, 하늘을 방랑하는 네 친구가
될 수 있다면
이렇게, 심한 괴로움 속에서 기도하며

너와 겨루지는 않았으리라.
오, 파도처럼, 잎사귀처럼, 구름처럼 일으켜다오.
나는 가시밭 인생에서 쓰러진다! 피 흘린다!

4

If I were a dead leaf thou mightest bear;
If I were a swift cloud to fly with thee;
A wave to pant beneath thy power, and share

The impulse of thy strength, only less free
Than thou, O uncontrollable! If even
I were as in my boyhood, and could be

The comrade of thy wanderings over Heaven,
As then, when to outstrip thy skiey speed
Scarce seemed a vision; I would ne'er have striven

As thus with thee in prayer in my sore need.
Oh, lift me as a wave, a leaf, a cloud!
I fall upon the thorns of life! I bleed!

세월의 중압 아래 얽매어 굴하고 있다.
세차고 민첩하고 자존심 강해, 너와 너무나도 같은 이 사람은.

5

저 숲과 꼭 같이 나를 네 거문고 되게 하라.
저 숲의 잎사귀들처럼 내 잎사귀 떨어진들 그 어떠리!
네 거센 소란한 음악도

나와 저 숲의 슬프나 감미로운, 깊은 가을의
정조를 감득(感得)하게 되리라. 사나운 탄생인 너,
내 정신 되라! 격렬한 자여, 너는 나 되라!

시들은 잎사귀들 휘몰아 가 새로운 탄생을 재촉하듯,
온 누리로 내 죽은 사상들을 휘몰아 가라!
그리고 이 시를 주문삼아

A heavy weight of hours has chained and bowed
One too like thee: tameless, and swift, and proud.

5

Make me thy lyre, even as the forest is:
What if my leaves are falling like its own!
The tumult of thy mighty harmonies

Will take from both a deep, autumnal tone,
Sweet though in sadness Be thou, Spirit fierce,
My spirit! Be thou me, impetuous one!

Drive my dead thoughts over the universe
Like withered leaves to quicken a new birth!
And, by the incantation of this verse,

불 꺼지지 않는 화덕에서 재와 불꽃을 흩어 내듯
인류에게 내 말을 퍼뜨리라!
내 입술 통해 아직 잠깨지 않은 세상 향해

예언자의 나팔 소리 되라! 오, 바람이여,
겨울 오면 봄 또한 멀겠느냐?

Scatter as from an unextinguished hearth

Ashes and sparks, my words among mankind!

Be through my lips to unawakened earth

The trumpet of a prophecy! O, Wind,

If Winter comes, can Spring be far behind?

초감각적[1] 미에 대한 찬가

1

어떤 보이지 않는 힘의 두려운 환영이
── 꽃에서 꽃을 스쳐가는 여름바람처럼
무상한 날개를 지니고 이 덧없는 세상을 찾아와──
소나무 우거진 어떤 산에서 솟아나 빛을 쏟아 내는 달빛처럼
보이지 않고 우리들 사이에서 부동(浮動)한다.
그것이 번쩍이며 인간의 마음과 얼굴에
찾아올 때 그 빛의 덧없음은 마치
저녁의 광채와 음향의 조화 같고──
널리 퍼져 있는 별빛 속에 빛나는 구름장들 같고──
지난날의 음악이 기억 같고──
우아하기에 사랑스럽고

---

1) 플라톤의 이데아와 같이 초감각적인 실재이며 셸리는 그 본질을 미적인 것으로 본 것이다. 그것은 보이지 않으나 단지 우리가 느낄 수 있는 것. 셸리 자신의 극시 「회교국의 반란 The Revolt of Islam」 제6장 제37행에서
  "It is the shadow which doth float unseen,
  But not unfelt, by the blind mortality."
라고 말한 것과 같은 것이다.

HYMN TO INTELLECTUAL BEAUTY

1

THE awful shadow of some unseen Power
Floats though unseen among us, — visiting
This various world with as inconstant wing
As summer winds that creep from flower to flower, —
Like moonbeams that behind some piny mountain shower,
It visits with inconstant glance
Each human heart and countenance;
Like hues and harmonies of evening, —
Like clouds in starlight widely spread, —
Like memory of music fled, —
Like aught that for its grace may be

신비[2]하기에 더욱 사랑스러운 어떤 것과 같다.

2

네가 비치는 인간의 생각이나 형상의
모든 것을 네 자신의 빛깔로 거룩하게 만드는
미의 혼령이여, —— 너는 어디로 가버렸는가?
왜 너는 사라져 이 세상,
이 어둡고 커다란 눈물의 골짜기를 텅 비고 쓸쓸하
게 하느냐?
왜 햇빛이 저 산골짜기의 강물 위에
무지개를 영원히 엮어 내지 않으며
왜 한때 보였던 어떤 것이 사라져 없어져야만 하며
왜 햇빛 밝은 이 세상에
공포와 꿈과 죽음과 탄생이
이토록 어두운 그림자를 던져야 하며 —— 왜 인간은

---

[2] 이데아로서 초감각적인 미는 추상적으로 존재할 뿐만 아니라 인간 세계에 변화무상하게 출몰 현상한다.

Dear, and yet dearer for its mystery.

2

Spirit of BEAUTY that dost consecrate

With thine own hues all thou dost shine upon

Of human thought or form, — where art thou gone?

Why dost thou pass away and leave our state,

This dim vast vale of tears, vacant and desolate?

Ask why the sunlight not for ever

Weaves rainbows o'er yon mountain-river,

Why aught should fail and fade that once is shown,

Why fear and dream and death and birth

Cast on the daylight of this earth

Such gloom, — why man has such a scope

사랑과 미움, 낙망과 희망의 도가 이처럼 큰 것인가
를 물어 보라.

　　3

　　이 세상보다 숭고한 어떤 세상으로부터의 그 어떤
음성도
　　철인이나 시인에게 그 대답을 준 일은 없다.
　　따라서 신령(神靈), 유령(幽靈), 천당의 이름들도 여
전히
　　그들의 헛된 노력을 전하는 기록——
　　그 주문이 우리가 보고 듣는 만상(萬象)으로부터
　　의심과 우연성과 무상함을 떼어 내기에는 무력한
　　연약한 마술이 되고 있을 뿐.
　　오로지 네 빛만이—— 산 위에서 흐느적거리는 안개
처럼
　　혹은 어떤 고요한 악의 금선(琴線)에서 울려 나와
　　밤바람을 타고 들려오는 음악처럼

For love and hate, despondency and hope?

3

No voice from some sublimer world hath ever
To sage or poet these responses given —
Therefore the names of Demon, Ghost, and Heaven,
Remain the records of their vain endeavour,
Frail spells — whose uttered charm might not avail to sever.
From all we hear and all we see.
Doubt, chance, and mutability.
Thy light alone — like mist o'er mountains driven,
Or music by the night-wind sent
Through strings of some still instrument,

한밤중 시냇물 위 달빛처럼
인생의 어지러운 꿈에서 미(美)와 진실을 줄 뿐.

4

사랑, 소망, 그리고 자기 존중[3]은 덧없는 구름처럼
오락가락하며 불안정하게 잠시 주어질 뿐
너는 알려지지 않고 두려운 존재이나
만약 네가 빛나는 시종들과 함께 위용을 갖추고 인간의 마음속에
정주한다면 인간은 불멸하고 전능하리라.
너, 연인들의 눈 속에서
커지며 적어지는 공감의 사자(使者)여,

---

3) 사도 바울이 믿음, 소망, 사랑을 기독교의 3대 덕목으로 부르고 있는데 셸리는 무신론자였기 때문에 믿음을 자기 존중이라는 말로 바꾸어 놓고 있다. 자기 존중은 우리들 각자의 내면에 있는 도덕적 요인을 존중하는 마음이다. 이러한 덕목들은 뜬구름처럼 무상하며 오직 진선미가 그 속에서 일치하는 초감각적인 미적인 실재만이 영원하고 불변하다.

Or moonlight on a midnight stream,

Gives grace and truth to life's unquiet dream.

4

Love, Hope, and Self-esteem, like clouds depart
And come, for some uncertain moments lent.
Man were immortal, and omnipotent,
Didst thou, unknown and awful as thou art,
Keep with thy giorious train firm state within his heart.
Thou messenger of sympathies,
That wax and wane in lovers' eyes —

너—— 죽어가는 불빛이 어두움 먹고 밝듯!⁴⁾
인간의 생각에게 양식이 되는 자여,
네 환영이 왔으니 떠나지 마라.
죽음이 인생과 공포처럼
암울한 현실이 되지 않기 위해.

5

아직 소년 시절이었을 때 나는 망령을 찾아
이를 데 없이 고요한⁵⁾ 묘지, 동굴, 폐허와 별빛 찬
란한 숲을 수없이 지나
이 세상 떠난 고인들과의 격조 높은 담론을 바라는
마음에서
두려운 발걸음을 서두르며 갔다.
나는 우리의 젊은 시절 역겹게 듣는 고약한 이름들

---

4) 어둠 속에서는 꺼져 가는 불빛도 밝게 보인다.
5) 원문의 〈listening〉이라는 말은 지극히 고요하며 조그만 소리라도 놓
치지 않으려고 귀를 기울인다는 뜻이다.

Thou — that to human thought art nourishment,

Like darkness to a dying flame!

Depart not as thy shadow came,

Depart not — lest the grave should be,

Like life and fear, a dark reality.

5

While yet a boy I sought for ghosts, and sped

Through many a listening chamber, cave and ruin,

And starlight wood, with fearful steps pursuing

Hopes of high talk with the departed dead.

I called on poisonous names with which our youth is fed;

을 소리쳐 불렀다.
 그러한 이름의 존재들은 내 소리를 듣지 않았고——
보이지도 않았다——
 생명 가진 만물을 겨울잠에서 깨워
 새들과 꽃들의 소식을 전하도록
 상쾌한 바람 불고 있는 감미로운 계절에
 깊은 명상에 잠겨 인생의 운명을 생각하고 있을 때
 홀연히 나는 네 환영(幻影)을 보았다.
 나는 황홀하여 소리치며 두 손을 거머잡았다.

  6

 나는 너와 네 시종들에게 전력을 다해서
 헌신할 것을 맹세[6]했다. —— 그 맹세를 지키지 않은

---

6) 워즈워스가 「서곡 Prelude」에서 기록하고 있는 경험과 같은 성질의 것이다. 케임브리지 대학에 재학할 당시 워즈워스는 어떤 무도회에서 밤을 새우고 새벽녘에 집에 돌아왔을 때 아침 해가 돋아나는 장엄한 광경을 보고 감격의 눈물을 흘리며 그 속에서 나타난 계시에 따라 충실히 살 것을 맹세한 일이 있다.

I was not heard — I saw them not —

When musing deeply on the lot

Of life, at that sweet time when winds are wooing

All vital things that wake to bring

News of birds and blossoming, —

Sudden, thy shadow fell on me;

I shrieked, and clasped my hands in ecstasy!

6

I vowed that I would dedicate my powers

To thee and thine — have I not kept the vow?

일 있었던가?
　지금도 나는 가슴 두근거리고 눈물 흘리며
　제각기 말없는 무덤으로부터 천고의 망령들을
　불러내고 있으니, 그들은 환상적인 집에서 나와 함께,
　열성적인 연찬(研鑽)과 사랑의 기쁨으로 그 기쁨 탐
내는 긴긴 밤을 지새운 적도 있다.
　네가 어두운 노예 상태로부터 이 세상을 해방시켜
주리라고,
　어떤 것이라도 지금 이 말로서는 표현할 수 없는 것을
　네가—— 아, 두려운 〈사랑스러움의 화신〉이여,
　베풀어 주리라고 생각지 않고서는
　기쁨으로 내 얼굴이 빛나지는 않았으니
　망령들도 이것을 알고 있구나.

7

　정오가 지났을 때 날은 보다 엄숙하고
　평화롭게 되고—— 가을의 음향 조화 있고

With beating heart and streaming eyes, even now
I call the phantoms of a thousand hours
Each from his voiceless grave: they have in visioned bowers
Of studious zual or love's delight
Outwatched with me the envious night —
They know that never joy illumed my brow
Unlinked with hope that thou wouldst free
This world from its dark slavery
That thou — O awful LOVELINESS.
Wouldst give whate'er these words cannot express.

7

The day becomes more solemn and serene
When noon is past — there is a harmony

또한 가을 하늘의 광채 있으니
 그 음향, 그 광채는 이 세상에 실제로 존재할 수도 존재한 일도 없는 듯!
 여름 동안에는 들리지도 보이지도 않는구나.
 내 젊은 시절의 명상 속에 자연의
 진리처럼 임했던 네 권능으로
 앞날의 내 생애에게── 나에게 평화를 다오.
 너와 네 모든 현현(顯現)을 숭배하고──
 아름다운 혼령이여, 네 매력에 사로잡혀
 스스로를 두려워하고 모든 인류를 사랑하게 된 나에게.

In autumn, and a lustre in its sky,

Which through the summer is not heard or seen,

As if it could not be, as if it had not been!

Thus let thy power, which like the truth

Of nature on my passive youth

Descended, to my onward life supply

Its calm — to one who worships thee,

And every form containing thee,

Whom, SPIRIT fair, thy spells did bind

To fear himself, and love all human kind.

구름

나는 바다와 시내에서 상쾌한 소나기를 가져와
목마른 꽃들을 축여 주고
잎사귀를 꿈꾸며 낮잠을 잘 때
엷은 그림자를 드리워 준다.
대지가 태양 주변 춤추며 돌 때
어린 꽃봉오리들 그 어머니, 대지의 품에서 흔들려 잠자고
그때 내 날개 흔들어 이슬 떨어지면
꽃봉오리들 저마다 잠을 깬다.
나는 내려치는 우박으로 도리깨질하여
밑에 있는 푸른 들판 희게 만들며
그 후 우박을 녹여 빗물로 만들고
천둥 치며 지나갈 때 호탕하게 웃는다.

내가 눈을 채질하여 밑에 있는 산에 떨어뜨리면
낙락장송들 기겁하여 신음 소리 내고
그것은 밤새 내 흰 베개가 된다.
내가 질풍의 팔에 안겨 잠자는 동안
내 하늘 집 탑 위에 엄숙히

THE CLOUD

I BRING fresh showers for the thirsting flowers,
From the seas and the streams;
I bear light shade for the leaves when laid
In their noonday dreams.
From my wings are shaken the dews that waken
The sweet buds every one,
When rocked to rest on their mother's breast.
As she dances about the sun.
I wield the flail of the lashing hail,
And whiten the green plains under,
And then again I dissolve it in rain,
And laugh as I pass in thunder.

I sift the snow on the mountains below,
And their great pines groan aghast;
And all the night tis my pillow white.
While I sleep in the arms of the blast.
Sublime on the towers of my skiey bowers,

내 길잡이, 번개가 앉아 있고
천둥이 족쇄 채워져 그 밑의 동굴[1]에 갇혀 있다.
천둥은 발작적으로 버둥거리며 짖어 댄다.
자색의 깊은 바닷속에서 움직이는
온갖 수호의 정령들의 사랑에 이끌리어[2]
땅으로 바다로 상냥하게 움직이며
이 길잡이는 내 길을 안내한다.
시냇물과 바위산과 언덕 위에서
호수와 들판 위에서
산 밑이나 강 밑이나, 번개 잠자는 어느 곳에서도
그[3]가 사랑하는 정령은 머물러 있다.
번개는 비가 되어 사라지지만
나는 줄곧 창공의 방실거리는 햇빛 받는다.

진홍색 아침 해, 유성처럼 빛나는 눈을 하고
불타는 빛깔의 날개를 펴고

---

1) 내리깔린 짙은 먹구름은 동굴같이 보인다.
2) 구름 속에서 양전기와 음전기가 상호 견인하는 사실을 말한다.
3) 전기를 말한다.

Lightning my pilot sits;

In a cavern under is fettered the thunder,

It struggles and howls at fits:

Over earth and ocean, with gentle motion,

This pilot is guiding me,

Lured by the love of the genii that move

In the depths of the purple sea;

Over the rills, and the crags, and the hills,

Over the lakes and the plains,

Wherever he dream, under mountain or stream,

The Spirit he loves remains;

And I all the while bask in heaven's blue smile,

Whilst he is dissolving in rains.

The sanguine Sunrise, with his meteor eyes,

And his burning plumes outspread,

조각구름 내 잔등에 뛰어오르면
샛별 빛도 죽은 듯 희미하게 빛난다.
그것은 마치 바위산이 지진으로 흔들려 씰룩거리는데
독수리 한 마리 그 너설 위에 내려앉아
황금색 날개 번쩍이며
잠깐 머물러 있는 듯
밑에서는 조명된 바다로부터, 지는 해가
뜨거운 숨결로 인식과 사랑 속삭이고
위에서는 광막한 하늘로부터
저녁의 진홍색 장막이 내려질 무렵
나는 하늘의 둥지에서 날개를 접고
알 품은 비둘기처럼 고요히 쉰다.

인간들이 달이라고 부르는
허연 불빛 지닌 저 얼굴 동그란 아가씨는
살랑이는 한밤의 바람으로 뿌려진
내 양털 같은 구름 위를 반짝이며 미끄러져 가고
오직 천사들만이 듣는
보이지 않는 그네의 발 소리가

Leaps on the back of my sailing rack,
When the morning star shines dead;
As on the jag of a mountain crag,
Which an earthquake rocks and swings,
An eagle alit one moment may sit
In the light of its golden wings.
And when Sunset may breathe, from the lit sea beneath,
Its ardours of rest and of love,
And the crimson pall of eve may fall
From the depth of Heaven above,
With wings folded I rest, on mine aëry nest,
As still as a brooding dove.

That orbed maiden with white fire laden,
Whom mortals call the Moon,
Glides glimmering o'er my fleece-like floor,
By the midnight breezes strewn;
And wherever the beat of her unseen feet,
Which only the angels hear,

내 얇은 천막 지붕의 천을 찢었을 때엔
별들이 그네 뒤에 나타나 기웃거리며
황금색 벌 떼처럼 빙빙 돌며 달아나고
그 모양 우스워 나는 웃는다.
그때 바람이 지어 준 내 천막에 생긴 구멍이 넓혀지면
공중에서 나를 뚫고 떨어진 하늘의 조각들처럼
고요한 강들과 호수들과 바다들이
달과 별들로 저마다 포장된다.

나는 불타는 빛의 띠로 햇님의 왕좌 엮으며
진주의 띠로는 달님의 왕좌 엮는다.
회오리바람이 내 깃발을 휘날리면
화산도 희미하게 보이고 별들도 흔들려 비틀거린다.
나는 갑(岬)에서 갑(岬)으로 다리 모양으로
격랑의 바다 위에
햇빛도 통하지 않게 지붕처럼 걸린다.
산들은 그 기둥이 되리.
공중의 세력들을 내 의자에 사슬로 매어 두고
태풍과 번개와 눈과 함께

May have broken the woof of my tent's thin roof,
The stars peep behind her and peer;
And I laugh to see them whirl and flee,
Like a swarm of golden bees,
When I widen the rent in my wind-built tent,
Till the calm rivers, lakes, and seas,
Like strips of the sky fallen through me on high,
Are each paved with the moon and these.

I bind the Sun's throne with a burning zone,
And the Moon's with a girdle of pearl;
The volcanoes are dim, and the stars reel and swim,
When the whirlwinds my banner unfurl.
From cape to cape, with a bridge-like shape,
Over a torrent sea,
Sunbeam-proof, I hang like a roof, —
The mountains its columns be.
The triumphal arch through which I march
With hurricane, fire, and snow,

내가 위풍도 당당하게 걸어 들어가는 개선문은
수많은 색깔로 채색된 활이며
하늘에서 둥그런 불덩어리[4] 그 부드러운 색깔을 짜 냈을 때엔
밑에서는 눈물 젖은 대지도 웃고 있었다.

나는 흙과 물의 딸이며
하늘의 손으로 자란 귀염둥이
나는 대양과 해변의 세공(細工)으로 들락날락하며
변하기는 하지만 죽지는 않는다.
비 온 후 한 점의 티 없이
천개(天蓋)가 개면
그리고 바람과 볼록면[5]의 빛 발하는 햇빛이
파란 대기의 〈돔〉을 만들면
그런 내 자신의 기념비를 조용히 보며 웃다가도
나는 비의 동굴에서 일어나

---

4) 태양을 말한다.
5) 우리는 하늘의 모양을 보통 오목면으로 보나 지구의 면을 구름이나 태양의 위치에서 보면 볼록면이 된다.

When the Powers of the air are chained to my chair,

Is the million-coloured bow;

The sphere-fire above its soft colours wove,

While the moist Earth was laughing below.

I am the daughter of Earth and Water,

And the nursling of the Sky;

I pass through the pores of the ocean and shores;

I change, but I cannot die.

For after the rain when with never a stain

The pavilion of Heaven is bare,

And the winds and sunbeams with their convex gleams

Build up the blue dome of air,

I silently laugh at my own cenotaph,

And out of the caverns of rain,

갓난아이 자궁에서 그리고 망령이 묘지에서 나오듯
다시 나와 그 기념비 부순다.

Like a child from the womb, like a ghost from the tomb,
I arise and unbuild it again.

해설 /비전의 시인

셸리에 관한 관심은 근년에 이르러 급격하게 줄어들고 있다. 그것은 T.S. 엘리엇, F.R. 리비스, 앨런 테이트, W.H. 오든 등 이름 있는 시인이나 비평가들의 셸리의 시에 대한 혹평에 연유하는 바가 큰 듯하다. 그리하여 우리의 셸리에 대한 관심은 대학의 영문학사 내지는 영문학 개관의 강의 시간에 「서풍」「종달새에게」「구름」등의 비교적 짧은 몇 편의 시를 읽는 것으로 그치고 만다. 그렇지 않으면 기껏해야 극히 피상적인 사실 —— 셸리가 옥스퍼드 대학교에 재학하였던 시절에 『무신론의 필연성』이라는 소책자를 발간하여 입학한 지 일 년도 못 되어 퇴학당했다든가, 자기의 누이동생 친구인 해리엇 웨스트브룩과 성급한 동정적 결혼을 하였다가 실패하여 곧 또 다른 여자, 이번에는 자기가 숭배하고 사숙한 합리주의적 유물론자이며 사회개혁의 제창자였던 윌리엄 고드윈의 딸 메리를 데리고 유럽 대륙으로 도망쳤다든가 하는 —— 만을 기초로 셸리의 인간성을 단죄하려 든다.

그러나 위에 든 시인들이나 비평가들은 신비평 New Criticism 계열에 속하는 또는 그와 유사한 계통의 시인이나 비평가이며, 구체적이며 지적 분석이 용이한 이미지를 존중하고 그 지적인 설득력으로서 시인이 독자와 공동으로 시적 효과를 구축하여 가는 방법을 택하고 있으나, 셸리의 지적 감각은 이와는 예각적으로 대립된다는 것을 염두에 두어야 한다. 셸리는 그가 「시의 변호」에서도 말하고 있듯이 〈언제나 불시에 나타났다가는 저절로 사라지는—— 사상과 감정의 덧없는 왕래〉에 따라 움직이며 한순간도 정지하지 않는, 유동적인 이미지와 환영처럼 표사(縹渺)한 추상적인 이미지로 자신이 받은 영감을 포착하여 순식간에 독자를 유현한 환상과 시적 감흥의 세계로 끌어넣고야 만다. 그의 시는 이 세상이 아닌 어느 곳으로부터 날쌔게 날아와 사라지는 어떤 공령(空靈)과도 같이 또는 아름다운 음악과도 같이, 지적인 분석이나 평가의 여유를 주지 않는 것이다. 그러므로 이러한 셸리의 시의 특질을 이해하는 많은 시인들은 그들이 가지고 있는 각각 다른 시적 감각에도 불구하고 그의 시를 좋아하며 또한 그 영향을 다소간 받고 있는 것이다. 베도스, 브라우닝, 스윈번, 예이츠, 하디와 같은 시인들은 셸리를 기렸던 시인들이었다.

셸리가 즐겨 다룬 소재는 지상에 있는 어떤 비근하고 견고한 사물이라기보다는 하늘, 구름, 바람과 같은 것이 있다. 그리고 사회제도, 풍경, 인간성과 같은 현실적인 또는 일상적인 것을 소재로 하는 경우에서도 그것들을 현실적으로 있는 그대로가 아니라 항상 추상적으로 또는 상상의 세계와 관련시켜 묘사되고 있다. 그것은 그의 시에 진실성이 없다는 것을 의미하는 것이 아니라 그에게서는 현실의 세계보다는 상상의 세계가, 사물의 세계보다는 정신의 세계가 보다 진실하였고, 그가 그의 시에서 더욱 진실하려고 했다는 것을 말해 주는 것이다. 이러한 그의 시작(詩作) 태도는 현실적인 세계를 통하여 상상의 세계를 설명하려고 하는 대개의 시인들의 방법과는 정반대라고 할 수 있다. 따라서 그의 시에서는 가을의 〈죽은 잎사귀들〉이 〈요술사 앞에서 망령 달아나듯〉 바람에 쫓겨 휘날리고(「서풍」), 〈황목련의 향기〉는 〈꿈 속의 아련한 생각〉처럼 사라지고(「인도풍의 세레나데」) 고요한 대낮 도시의 음성은 〈적료(寂寥)처럼 부드럽다〉(「나폴리 근방에서 낙심 속에 씌어진 시의 연(聯)」).

셸리의 시에 관하여 그 공령성은 이미 말했지만 흔히들 그 아름다운 서정성을 말하고 있다. 그러나 단지 셸리의 서정성에서 그의 진면목을 찾기는 힘들다. 우리는 셸리를 유현한 달밤에 서정의 파도를 타고, 정처없이 떠돌아다니는, 그렇게 해서 우리의 마음속에 정서의 물결을 일으키는 공령──공기의 요정(실제로 가냘픈 체구의 소유자였던 어린 시절의 셸리의 별명도 그랬고 그가 서른 살의 젊은 나이로 스페차 만에서 익사할 때까지 타고 다녔던 그 자신 소유의 배 이름 또한 그랬지만)처럼 생각할 수만은 없다. 또는 매슈 아널드가 그랬던 것처럼 그를 〈허공에서 무익하게, 그 빛나는 날개를 파닥거리는 아름다운 무력한 천사〉로만 생각할 수는 없다. 성급하게 정치적 사회적 개혁을 부르짖었던 아직 미숙하였던 시기의 셸리를 이렇게 말했다면 별문제이지만.

따라서 셸리는 그 자신의 말처럼 종달새 —— 〈휘황한 상념의 광휘 속에서 숨어 보이지 않는 시인〉(「종달새에게」)이었으며 그의 서정성의 배후에는 누구도 완전히는 알 수 없는 복잡한 사상을 조종하는 셸리 자신이 숨어 있는 것이다. 흔히 그는 구름 속에서 노닐며 서풍을 타고 달리며 종달새처럼, 중천에 높이 뜬 해가 높지 않다는 듯이 솟구쳐 올랐으며 가장 아름다운 서정을 불러일으켰으나 그것은 어디까지나 시공을 초월한 정신적 사물 속에서, 날쌔게 움직이는 환희와 황홀감에서 일어난 서정이었다. 셸리가 〈호수에 반사된 해가 담쟁이 꽃 속의 노란 별들을 비추는 것〉을 보았을 때 그의 안중에 있는 것은 그러한 하나하나의 외적 사물이 아니라 시인의 정신 속에서 창조되었던 정신적인 진실 ——〈산 사람보다 더욱 진실한 형상들, 영원한 것의 아들들〉(「시인의 꿈」)이었으며 그것이 진정한 그의 서정이 될 수 있었던 것이다.

좋은 시는 으레 그렇듯이 셸리의 시 역시 우리가 흔히 생각하는 것과 같이 단순한 서정이나 묘사의 시는 아니다. 셸리는 우주 전체를 커다란 하나의 상징 또는 여러 상징으로 구성된 하나의 체계로 보았으며 시인으로서 그가 보는 것은 육안에 비친 사물이 아니라 그 자신이 말한 바와 같이 〈현전(現前)하는, 감각할 수 있는 사물의 저편에 있는 어떤 것의 현현(顯現)〉이었다. 그가 외부적 세계로 향할 때에는 언제나 상징적 용어를 찾고 있는 것이다. 「종달새에게」는 그가 실제로 본 종달새의 묘사가 아니라 종달새를 상징으로 한 셸리 자신의 정신적 상황의 표현인 것이다. 「서풍」은 그가 이탈리아의 아르노 강가의 숲속에서 만난 폭풍우의

극명한 묘사 때문에 성공한 시가 아니라 죽음과 부활, 사멸과 재생이라는 평소 그의 정신 속에서 깊은 의미를 가지고 있던 요소들이 이것들을 고지(告知)하는 가을과 서풍을 상징으로 하여 통합되었기 때문에 성공한 시라고 할 수 있다.

셸리는 일생을 이상과 현실의 괴리 때문에 고민한, 그러나 끝까지 그의 이상을 추구한 윤리적 이상의 시인이었다. 자기의 부인을 헌신짝처럼 버리고 다른 여자와 애정 행각을 할 수 있었던 패륜아가 어찌 윤리적인 시인으로 불릴 수 있겠느냐라고 반문함직도 하다. 그러나 정서적으로 아직 미숙했던 시절에 셸리가 저지른 이 어리석은 행동 때문에 그는 비난받아 마땅한 정도의 몇 갑절의 대가를 치러야 했을 뿐만 아니라 그는 이러한 불행한 체험으로 인하여 인간과 인간이 처한 상황에 관한 넓고 깊은 지식을 얻고 그의 비극 의식을 심화할 수 있었던 것이다.

셸리가 그의 초년기에 합리주의적 유물론자이며 사회개혁의 제창자였던 윌리엄 고드윈의 영향 아래서 〈인격의 완성 가능성〉을 믿으며 인간사회에도 물질 세계를 지배하는 〈필연성〉의 법칙을 적용할 수 있다고 단순히 생각했던 낙관적인 세계관에서 해방되어 이상과 현실 간에 존재하는 깊은 늪을 이해하며 인간에 관한 비극 의식을 심화시킬 수 있었던 것도 이러한 그의 개인적인 고통스러운 체험의 덕분이었다. 비록 그가 이상사회의 건설에 대한 희망을 완전히 포기하지는 않았을지라도 인간의 정신 속에 깊이 뿌리 박고 있는 죄악의 요소를 인식하고 인간의 정신 내부에서의 혁명 없이 단순한 제도적 개혁만으로 이상사회가 출현하지는 않는다는 것을 알게 되었던 것이다. 이러한 비극 의식은 이상적 아름다움을 찾으려다 실패한 비극을 그린 「알래스터——고독의 원령(怨靈)」, 프랑스 혁명에 걸었던 희망과 좌절감을 그린 「회교국의 반란」, 온갖 죄악을 자행하는 아버지를 죽여야 했던 베아트리체 Beatrice의 비극을 그린 「첸치 일가」에서 역력히 볼 수 있다.

셸리는 그의 「시의 변호」에서도 말하고 있는 바와 같이 〈포괄적인 그리고 철두철미하게 투철한 정신으로 인간성의 넓이를 측정하고 그 깊이를 탐사〉함으로써 인간사회를 지배하는 법칙은 〈필연성〉의 법칙이 아니라 〈사랑〉의 법칙임을 발견하게 되었다. 그가 추구한 지고의 미와 사랑에 관한 윤리적 비전은 대부분의 사람들이 완전히는 파악할 수 없으며, 그 자신도 지각에서나 표현에서 그 근사치로밖에는 도달치 못하는 것을 셸리는 알고 있었다. 그러나 또한 무지 몽매한 인간사회의 윤리적 발전과 정신적 행복을 위해서는 절대로 필요한 것이었으며 이것을 해석하고 사람들에게 알리는 것――법 아닌 법의 고지자가 되는 것――을 그의 시인으로서의 최대의 사명으로 생각하고 있었다. 사랑이라는 커다란 윤리적 법칙을 안다는 것은 셸리에게는 그 자신이 그리고 인간이 자기 자신을 안다는 것을 의미하였으며 인간성의 넓이와 깊이를 이해한다는 것을 의미하고 있었다. 그뿐만 아니라 그것은 그 자신이 신으로서 생각한 것에 관한 지식을 얻는다는 커다란 의미를 지니고 있었다.

이리하여 셸리의 독특한 정신은 그 자신의 독자적인 종교를 발전시켰으며 그가 무신론을 주장했던, 아직 미숙했던 시절에도 어떤 최고 지선(至善)의 힘을 믿고 있었던 것이다. 이것이 1816년까지에는 〈초감각적 미(美)〉라는 이름으로 불렸고 그의 비전이 점차 원숙한 경지로 들어감에 따라 보다 정확히 우주를 지배하는 우주적인 사랑의 관념――만물의 생멸(生滅)이 무상한 이 유전(流轉)의 세계에서 영원하고 불변불멸한 일자(一者)의 관념――으로 발전하게 되었던 것이다.

그러나 셸리가 이러한 관념을 어떤 명확한 형태의 지각으로 끌어올리고 그 형상화에 완전히 성공하였다고는 말할 수 없을 것이다. 「초감각적 미에 대한 찬가」 이후의 그의 모든 주요 시――주로 장시이지만――를 하나의 범주 속에 묶을 수 있다면 우주적인 사랑의 투영을 목적으로 하는 시들이라고 말할 수 있겠으나, 또한 그러한 목적을 성취하는 데 실패한 기록으로서 특징지을 수도 있을 것이다. 엘리엇의 용어를 빈다면 〈모든 것을 화생할 수밖에 없는〉이 목적을 그의 시 속에서 달성한다는 것은 그만큼 어려운 일이었던 것이다.

어쨌든 셸리는 이러한 그의 비전을 극적, 상징적으로 표현하기 위한 그 자신의 특수한 용어를 발전시켰으며 그것을 위하여 그리스 시대(플라톤, 이스킬러스, 소포클레스)와 르네상스 시대(단테, 페트라르카, 스펜서, 셰익스피어, 밀턴)와 그의 동시대(워즈워스, 콜리지, 키츠)의 다양한 문학적 전통을, 특히 플라톤과 단테의 비전을, 이용 또는 개변(改變)하며, 동시에 어떤 하나의 포괄적인 상징을 만들어냈던 것이다.

1816년까지에는 이러한 우주적인 힘은 시인에게 황홀감을 주기는 하였으나 아직은 단지〈어떤 보이지 않는 힘의 두려운 환영〉으로밖에는 표현할 수 없는 것이었으나 그 이후로 그것은 더욱 구상화되어 신화적이거나, 환상적이거나, 실존적이거나 하나의 여자의 상(像)으로 상징되기에 이르렀다. 그것은 「프로메테우스의 해박」에서는 이 신과 결혼하는 미와 사랑의 여신 에이시어로, 「미모사」에서는 아름다운 정원을 가꾸는 환상적인 여인으로, 「에파사이키디언」(〈혼의 분신〉이라는 뜻)에서는 시인이 생존 당시 이탈리아의 피사에 살고 있었던 열아홉 살의 아름다운 소녀였던 에밀리어 비비애니로, 그리고 「애더네이이스」와 「속진(俗塵)의 승리」에서는 다시 여신 유레이니아와 무지개의 여신으로, 각각 이름은 다르고 또한 다른 형태를 취하고 있을지라도, 여자의 상 속에 육화(肉化)되고 있다. 셸리의 자서전적 연구를 한 일부의 비평가들이 셸리의 여신들은 그 많은 셸리의 애인들을 찬미하기 위한 위장으로 생각하고 있으나, 그것은 셸리의 시의 상징성을 충분히 알지 못했을 뿐 아니라 엘리엇이 셰익스피어의 모든 작품을 〈하나의〉 시로 볼 수 있었듯이 셸리의 모든 시를 통일적으로 보지 못했다는 것을 의미한다. 따라서 우리는 종래에 단순한 사랑의 시처럼 생각했던 「제인에게 : 초대」「제인에게 : 회상」「제인에게 :

기타와 함께」 등과 같은 서정시에 대해서도 보다 많은 상징성을 주어도 좋을 것이다.

우리는 이 기회에 셸리가 왜 시를 썼는가를 생각해야 한다. 그의 서정은 방법이었고 그의 비전은 목적이었다. 우리가 사는 20세기에 엘리엇이 「황무지」를 써서 사랑이 없어질 때에는 그것을 부활, 소생시키기 전에는 인간은 모든 것을 상실한다는 것을 우리에게 가르쳐 주었다고 한다면, 셸리는 벌써 그 이전에 그것을 우리에게 교시해 주었다고 할 것이다. 셸리의 시 속에서 그의 이러한 비전을 읽음으로써 우리는 예를 들어 프로메테우스를 괴롭혔던 원령들은 카프카스의 산중에서 돌아다닐 뿐만 아니라 엘리엇의 시극, 「가족 재회」에서와 마찬가지로 오늘날 우리의 응접실 커튼 뒤에 숨어 있을 수도 있으며, 우리는 오늘날에도 프로메테우스적 투쟁——인간 정신의 내부에 도사리고 있는 증오를 극복하여 그것이 스스로에게 가한 속박에서 자신을 해방시킴으로써 우주적인 사랑과 결합하는 또 하나의 가족 재회를 성취하기 위한 투쟁——을 계속할 것을 호소하고 있다는 것을 알 수 있는 것이다.

여하튼 셸리의 시를 보다 옳게 읽는 길은 그의 시라는 베틀의 씨실과 날실격인 서정성과 상징성에 대하여 응분의 관심을 지불하며 동시에 그것들이 합동하여 짜놓는 비전을 읽는 것이다. 불행히도 이 셸리 시선(詩選)을 위하여 허용된 지면의 제한 때문에 셸리의 이러한 윤리적인 비전의 다양성과 착잡성(錯雜性), 상징에 의한 언어와 사상의 강화 과정을 전폭으로 볼 수 있는 그의 장시들을 포함시키지 못했음이 유감이다. 그러나 이 미흡한 해설이 지시하는 셸리의 시의 연관 영역 속에서 난해하나 보람을 느낄 수 있는 그의 장시를 읽는 작업으로 독자들이 전진해 줄 것을 바라는 마음 간절하다.

퍼시 비시 셸리는 서섹스 주의 필드프레이스에서 1792년 8월 4일에 귀족의 집안에서 태어나 사이언 하우스 학교와 이튼 학교를 거쳐 옥스퍼드 대학교의 유니버시티 칼리지에 입학하였다. 그러나 그의 친구인 토머스 제퍼슨 호그와 함께 「무신론의 필연성」이라는 팜플렛을 발간하여 이것이 문제가 되어 입학한 지 반 년도 못 되는 1811년 봄에 퇴교를 당하고 말았다. 그 후 자기 누이동생의 친구인 해리엇 웨스트브룩과 결혼하여 3년 동안 아일랜드, 웨일스, 스코틀랜드 및 영국 남부 각지를 돌아다니며 정치적 선전과 독서에 열중하였다. 1814년 셸리는 윌리엄 고드윈의 딸인 메리 고드윈과 스위스로 떠남으로써 해리엇 웨스트브룩과의 불안했던 결혼 생활은 드디어 파경에 이르렀고, 1816년 그의 부인이 물에 빠져 자살한 후 메리 고드윈과 결혼하였다. 메리와의 결혼 후 셸리는 다시 스위스로 가 거기서 그가 죽기까지 6년 동안 친교를 맺었던 시인 바이런과 처음 만났다. 일시 귀국하였던 셸리는 1818년에는 영원히 고국을 등지고 이탈리아로 가 각지를 전전하며 방랑생활을 하였다. 이탈리아에서는 메리와의 사이에서 출생한 두 아이가 병사하였으며 이로 인하여 메리는 거의 실신한 상태가 되었다. 셸리가 이탈리아에서 생활한 1818－1822년은 가장 다산적(多産的)이며 또한 그의 시와 산문에서 가장 중요한 작품들이 씌어진 기간이었다. 그러나 1822년 7월 8일 레이 헌트를 만나고 돌아오던 셸리와 그의 두 친구는 스페차 만에서 그들이 타고 있던 셸리의 요트가 뒤집힘으로써 익사하였다. 그의 유해는 화장되어 키츠가 묻혀 있던 로마의 신교도 묘지에 묻혔다. 그의 대리석 묘비에는 라틴 말로 〈코르 코르디움 Cor Cordium(많은 마음들 가운데서 가장 따뜻한 마음이라는 뜻)〉이라는 비명이 새겨져 있다.

(해설 : 강대건)

연보

1792년   퍼시 비시 셸리 출생.
1802년   사이먼 하우스 학교 입학.
1806년   「방랑 유태인」 시 창작.
1810년   4월, 「자스토로지」(괴기소설) 창작. 9월, 누이동생과 함께 「빅터 및 카자이어의 원시(原詩)」 출간. 옥스퍼드 대학교 입학(가을). 10월, 「마거릿 니콜슨 사후 출판 단편시」 출간.
1811년   「장미십자회원, 성(聖)어빈」 출간. 3월, 옥스퍼드 대학교로부터 퇴교. 8월, 에든버러에서 해리엇 웨스트브룩과 결혼.
1812년   2월, 아일랜드로 감. 6월, 웨일스 남부로 감.
1813년   3월, 아일랜드로 다시 감. 4월, 런던으로 감. 6월, 딸 엘리자 출생. 「여왕 맵」 출간(여름). 12월, 에든버러로 재차 방문.
1814년   3월, 런던에서 해리엇과의 정식 결혼식 거행. 「이신론(理神論)에 대한 반박」 집필. 7월, 메리 고드윈과 스위스로 감. 12월, 아들 찰스 출생. 1815년까지 심한 경제적 고통을 겪음.
1815년   1월, 조부 사망. 「알래스터」 집필(여름).
1816년   1월, 메리와의 사이에서 아들 윌리엄 출생. 5-9월, 다시 스위스로 떠남. 바이런과 만남. 11월, 부인 해리엇 익사. 12월, 메리 고드윈과 결혼.
1817년   「회교국의 반란」「프린스 애타네이스」 집필. 「로자린드와 헬렌」 집필(1817-1818년). 9월, 메리와의 사이에서 딸 클라라 출생.

1818년	3월, 영국을 영원히 떠나 이후 베네치아, 나폴리, 로마, 렉혼, 피사 등 이탈리아의 각지로 전전하며 생활함. 8월, 바이런과 만남. 8-11월, 「주리언과 마댈로」 집필(1824년 출간). 9월, 딸 클라라 사망. 「프로메테우스의 해박」 집필(1818년 12월 탈고, 1820년 출간).
1819년	6월, 메리와의 사이에서 출생한 아들 윌리엄 사망. 5-8월, 「첸치 일가」 집필. 「비정(秕政)의 가면」(1832년 출간), 「피터 벨 3세」 집필(1839년 출간). 11월, 아들 플로렌스 출생. 「개혁에 관한 철학적 고찰」 집필(1920년 출간).
1820년	8월, 「애트라스의 요녀(妖女)」와 「이디프스 티레이너스」 집필(1920년 출간).
1821년	「에피사이키디언」, 「시의 변호」(1840년 출간), 「애더네이이스」 「헬라스」 집필(가을, 1822년 출간).
1822년	「속진(俗塵)의 승리」 집필. 7월, 스페차 만에서 익사.

옮긴이/강대건
서울대 문리대 영문과와 동 대학원 수료.
서울대 교수 역임.
논문 「The Waste Land 시론」 「T.S. 엘리엇의 관념형」

세계시인선 48
시인의 꿈

1판 1쇄 펴냄 1975년 1월 1일
1판 7쇄 펴냄 1991년 7월 30일
2판 1쇄 펴냄 1997년 1월 25일
2판 3쇄 펴냄 2014년 8월 8일

지은이 P.B. 셸리
옮긴이 강대건
발행인 박근섭, 박상준
편집인 장은수
펴낸곳 (주)민음사
출판등록 1966.5.19. 제16-490호
서울특별시 강남구 도산대로1길 62(신사동)
강남출판문화센터 5층 (135-887)
대표전화 515-2000 팩시밀리 515-2007
www.minumsa.com

ⓒ (주)민음사, 1975, 1997. Printed in Seoul, Korea

ISBN 978-89-374-1848-8 04840
ISBN 978-89-374-1800-6 (세트)